汽车保险欺诈与反欺诈

卫新江 著

中国财政经济出版社

图书在版编目（CIP）数据

汽车保险欺诈与反欺诈/卫新江著．—北京：中国财政经济出版社，2007.2

ISBN 978-7-5005-9666-0

Ⅰ．汽…　Ⅱ．卫…　Ⅲ．汽车保险-诈骗-研究-中国
Ⅳ．F842.63

中国版本图书馆 CIP 数据核字（2007）第 013347 号

中国财政经济出版社 出版

URL：http：//www.cfeph.cn

E-mail：cfeph@cfeph.cn

（版权所有　翻印必究）

社址：北京市海淀区阜成路甲 28 号　邮政编码：100036

发行处电话：88190406　财经书店电话：64033436

北京财经印刷厂印刷　各地新华书店经销

880×1230 毫米　32 开　7 印张　129 000 字

2007 年 2 月第 1 版　2007 年 2 月北京第 1 次印刷

印数：1—3060　定价：25.00 元

ISBN 978-7-5005-9666-0/F·8394

（图书出现印装问题，本社负责调换）

序言

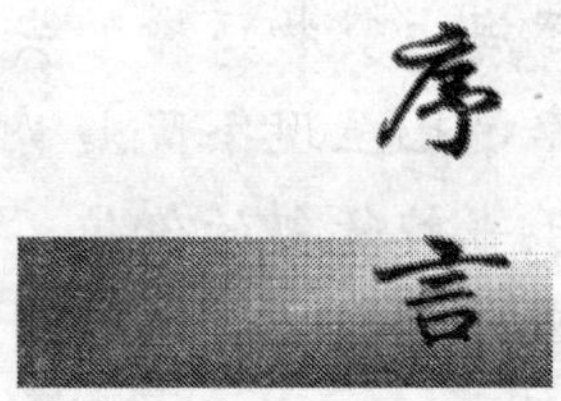

近些年来，随着汽车逐步进入家庭消费领域，我国的汽车保险业务也得到了快速增长，成了财产保险公司业务收入的第一大险种。2005 年我国车险保费收入达到 858 亿元，占财产险保费收入的 67%，对产险业保费增长的贡献率高达 67%。但是，车险保费收入的快速增长没有为财产保险公司带来盈利的快速增加，有些财产保险公司的车险业务出现虚盈实亏。一时间，压缩车险业务，扩大非车险业务，成为财产保险公司业务结构调整的重点。

车险经营之所以一直处于亏损边沿，一个重要的原因在于车险欺诈的泛滥。车险的经营与工伤险、健康险的经营一样，具有经营链条长、涉及主体多、保障范围宽等特征，往往成为恶意欺诈者的攻击对象，因而被公认为全球性的易于遭受欺诈的三大险种。谈起保险欺诈，一些人觉得，只有那些船舶、海上货运等水险业务因其承保标的价值高，流动性强，才会发生保险欺诈问题。实质不然。由于现代海上航运技术的发展，大大提

高了海上货物运输的安全性，海上货物运输出现事故的机率早已呈现下降趋势。相比之下，汽车的价值虽然远小于一艘货船的价值，但在汽车数量如此之大，道路交通事故发生的概率相对较高的情况下，车险欺诈“一支独秀”也就不足为奇了。

既然车险欺诈是个全球性的问题，那么，国际上发达国家的保险公司是怎样对待这块“鸡肋”的呢？确实，在美国那些率先实行无过错责任保险的州如纽约，车险欺诈的泛滥甚至使得一些保险公司放弃了在这些州的经营或者干脆不再经营车险业务。汽车保险作为现代社会一项重要的保障制度，虽然单个保险公司可以对之采取压缩业务规模，甚至“一弃了之”等对策，但整个社会是无法对之说“不”的。美国人对此采取了一种可以称之为“四位一体”的综合治理模式，也就是发挥政府（监管部门）、行业性组织、保险公司、消费者等四个方面的作用，对车险欺诈基本做到“群防群治”。纽约州保险部反欺诈调查局在2005年就逮捕了753名涉嫌保险欺诈的嫌疑人，车险保费平均下降了近10%，为消费者节约4亿多美元的车险保费支出，同时车险业务的盈利水平也得到了提高。

建立适合国情的车险欺诈防范体系、采取必要措施对车险欺诈进行有效的反击是推动我国车险业务健康发展的关键。欺诈被喻为保险业无声的巨灾，无时无刻不在吞噬着保险业微薄的盈利空间；欺诈好比人体内的癌细胞，每时每刻都在侵蚀着车险经营的基础。有一种似

是而非的观点认为：反击车险欺诈是保险公司自己的事情，车险欺诈泛滥是保险公司反击力度不够造成的，保险公司的通融赔付、以赔促保等行为在一定程度上也起到了助纣为虐的作用。其实这种看法是完全错误的。在市场经济中，保险公司作为一个普通的私法人，如果没有法律的保障，没有行政、司法机关的支持和行业性组织的配合，是很难完成对保险欺诈案件的调查取证的，更谈不上加大对保险欺诈案件的打击力度。在美国，对一些大型的集团保险欺诈案件的查处，往往需要多个政府部门甚至联邦调查局的介入，而且历时多年。即使一、二家保险公司掌握了部分欺诈证据，但要完成对整个欺诈集团的调查取证和严厉惩处，几乎是不可能的。要对车险欺诈进行有效的反击，关键在于：一是要搭建有保险监管部门、行业性组织、保险公司和消费者等多方主体共同参与的车险欺诈防范体系；二是要有正确、可行的方法。

卫新江博士的新作《汽车保险欺诈与反欺诈》正是这样一本探讨如何建立我国车险欺诈防范体系和汽车保险反欺诈方法的专著。两年多来，他一直潜心于大量中外车险欺诈案例、文献研究，经过广泛调研和不断总结归纳，最终完成了本书的撰写。呈现在读者面前的是一本很有特色的专门论述车险欺诈和反欺诈的著述，其特色主要体现在：一是系统性强。全书从欺诈的界定着手，分别对车险欺诈的形式、车险反欺诈的现状和存在的问题，以及车险反欺诈的对策作了全面、系统的分析。二是对策性强。作者将一半以上的篇幅都用来分析和阐述车险反欺诈的方法，在附录中又将这些方法归纳成便于操作的十二种方法。三是实用价值高。对车险欺诈形态的描述，为识别车险欺诈提供了指南；对车险反欺诈方法的归纳与总结，则为有效遏制和防范车险欺诈提供了利器。我愿意同大家一起分享作者的这项研究成果。相信该书的出版发行在给读者带来有关信息的同时，也会给大家带来一些思考。

2006年11月22日

构筑反车险欺诈的“三道防线”

最近《北京娱乐信报》发表了《修理厂拿客户汽车“诈保”?》一文，并对此作了连续报道，披露了汽修厂将消费者的汽车用作诈保工具的内幕。这起车险欺诈要不是车主陈先生自己站出来伸张正义，其真相恐怕难以大白于天下。作为社会现象的保险欺诈绝不是单纯一个保险公司完全可以防范的。笔者看来，就防范车险欺诈而言，最有效的方式是尽可能地调动保险公司、行业协会、立法者、执法者、消费者等相关主体的积极性，建立起覆盖全社会的安全防范网，而建立保险公司、行业/中介机构和政府部门为主体的“三道防线”显得尤为重要。

保险公司是防范汽车保险欺诈的第一道防线，也是最为坚强的一道防线。保险公司可以通过加强核保、承保和理赔三个阶段的管理来防范欺诈。按照国际保险市

场成熟的经验，保险公司这道防线要注意做好制度、人和数据的“三结合”。在制度方面首先必须建立和完善承保、理赔的业务操作规范；建立专业的承保、理赔人员的资格考试和晋级制度；建立公司内部完善的业务数据库、业务核查制度和反欺诈调查制度。承保、理赔的业务操作规范不仅是公司进行承保、理赔业务处理的基本规范，更是遏制和防范车险欺诈的重要制度保证。承保、理赔业务人员素质的好坏直接关系到防范车险欺诈工作质量的高低，所以发达国家都建立了专业的承保、理赔业务人员的资格考试和晋级考试。在日本和台湾地区除有保险行业协会举办的承保、理赔资格考试外，各家保险公司还有自己的内部考试制度。行业协会的考试属于资格考试，保险公司的内部考试则属于晋级性的考试，同时公司一般还有自己的汽车实验中心，定期不定期进行各类培训。

公司内部的业务数据库主要储存客户投保、理赔方面的有关数据资料，并通过不同的界面实现跨部门、跨区域的联接，以有效防范各类欺诈。如理赔部门发现某客户可能存有欺诈，就将这方面的资料发给承保部门，承保部门据此决定采取拒保、提高保费等多种方法予以事先防范；对那些在短期内或近年来多次索赔的客户，承保、理赔部门将予以分类管理。业务核查制度的核心是进行交叉检查（cross - checking)，理赔部所有的人员都必须对已经审结的案件进行核查，每个理赔员每天都必须完成一定限额的案例审查，然后将审查的结果按照

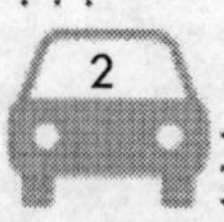

非常可疑、可疑、正常等标准进行分类向上级汇报；上级又必须每天抽查其下属一定数量的核查报告；对那些上级也认为非常可疑的案件，将提交到理赔部的特别调查组（Special Investigation Unit，SIU）进行专门的立案调查。特别调查组SIU是理赔部内设的反欺诈专门调查机构，主要聘请一些有经验的退休警官、医生和侦探等人员组成，美国多数州都通过立法要求保险公司必须设立专门的SIU，有些州则要求保险公司设立SIU或者与外部的专业调查机构签订调查合同，将此项业务外包给专业机构进行。

行业/中介机构是防范车险欺诈的第二道防线，这道防线对防范那些突破了第一道防线又属于在保险公司之间的车险欺诈是一道十分重要的防线。如某客户可能就同一起交通事故分别在甲、乙、丙三家公司进行理赔，对这类单证真实、齐全的赔案，仅凭一家公司的力量是难以发现的，但如果保险同业之间或者保险同业与交通管理部门之间实现了交通案件处理信息联网的话，这类车险欺诈很容易被发现。保险公司同业联网的另一个增值服务就是通过对大量车险赔案的研究，还可以积累客户资料，为在承保、理赔环节对车险欺诈进行有效遏制提供前提条件。除保险行业机构外，建立包括消费者、政府、保险公司等在内的专门的反保险欺诈机构也是一条可行的思路，如美国的反保险欺诈联盟（Coalition Against Insurance Fraud）就是一个包括消费者机构、公共利益机构、政府机构和保险公司在内的中介机构，其宗旨就是联合社会上各种反保险欺诈的力量对保险欺诈进行反击。

政府部门是从事反保险欺诈的第三道防线，其主要职责在于遏制保险欺诈犯罪和提高消费者反保险欺诈的意识。自20世纪80年代以来，美国各州保险监管部纷纷设立了反保险欺诈局，少数州的反保险欺诈局是与州检察官办公室合署办公的。在保险监管部门设立专业的反欺诈机构与在中央银行设立专门的反洗钱机构一样，其目的在于打击犯罪，另一方面在于教育消费者。美国的反保险欺诈局平均拥有31名员工，其中68%的人员是专门的调查专员，平均用于反保险欺诈的预算是420万美元左右。每年美国经反保险欺诈局调查处理的欺诈案件大约在8万件左右，反保险欺诈局已经成为美国反击保险欺诈的一道重要防线。

作　者

2006年12月

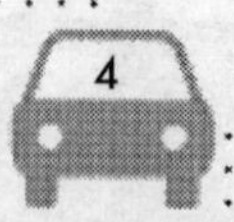

目录

第一部分

汽车保险欺诈的界定

第一节　欺诈的界定

一、欺诈的定义

当今时代，欺诈是个出现频率相当高的词汇。经常见诸媒体的有：消费者在超市购买了假货、过期食品；种子、化肥经销商知道化肥、农药是假的，仍然以正常价格卖给了农民；商品房销售中开发商多算了建筑面积或者隐瞒了与产权有关的重要信息；某上市公司的财务报表有假，但某注册会计师事务所仍然出具了无保留意见的审计报告；某人通过信用证从银行取得了巨额贷款，然后逃之夭夭；某些如钢铁、彩电等行业内的企业联手以减少恶性竞争为名，对某些产品实施了最低保护价等等，凡此种种都被人们称之为欺诈。那么究竟什么是欺诈呢？笔者以为，界定欺诈应当就欺诈的通用含义

和学理含义[①] 分别进行定义，这样才能准确把握欺诈的内涵。

就欺诈的通用含义而言，欺诈指的是“用狡猾奸诈的手段骗人。”[②] 它强调的是骗人，但并不强调被骗者是否受到了伤害，而且用的是狡猾奸诈之类的手段，这是欺诈的通用含义。从法学的层面上看，欺诈既可以是一种民事法律行为，也可以是一种刑事犯罪行为，还可以是一种竞争法上的行为。就民事法律行为来看，欺诈又有合同法上的欺诈和侵权法上的欺诈之分。这样来看，从法学层面上对欺诈加以考察，至少有合同法、侵权法、竞争法和刑法这样四个维度[③]。

合同法上的欺诈，指的是一方当事人故意实施某种欺骗于另一方当事人，并使之陷入错误而订立合同的行为。最高人民法院《关于贯彻执行〈中华人民共和国民法通则〉若干问题的意见（试行）》（1988 年 4 月 2 日）第 68 条规定，“一方当事人故意告知对方虚假情况，或者故意隐瞒真实情况，诱使对方当事人做出错误意思表

---

① 限于研究的需要，本报告中对欺诈的学理分析，主要是对法学意义上的欺诈的学理分析，对其他学科如社会学、心理学等学科中的欺诈含义并未涉及。

② 《现代汉语词典》，（2002 年增补本），商务印书馆 2002 年 7 月版，第 993 页。

③ 保险法上的欺诈也是法学层面上的一个维度，有关保险欺诈的论述将在下文展开。另外，在诸如证券法、注册会计师法等商事法中都有有关欺诈的规定，考虑到本报告专注于保险欺诈的需要，对上述商事法中的欺诈不再赘述。

示的，可以认定为欺诈行为。"《合同法》第54条规定，欺诈订立的合同无效。

如果当事人之间不存在契约关系，这时候的欺诈可能是一种侵权行为，比如在行为人有意做出虚假陈述，并且希望相对人据以行事，这可能构成对相对人知情权的侵犯。尤其是在当事人之间存在某种诚信、勤勉关系的情况下，负有义务的一方没有对另一方尽到应尽的注意义务，都有可能构成欺诈。如上市公司的董事、高级管理人员对公司、对投资者；注册会计师对被审计企业和公众投资者等都存在着法定的诚信、勤勉义务，对这类义务的违反都有可能构成欺诈。

竞争法[①] 是市场经济的根本大法，它是以维护市场有效竞争为目的的法律规则的总称。如果同一市场中的厂商协调一致，采取诸如限制产量、统一价格、瓜分市场等妨碍市场竞争的行为，就有可能构成竞争法上的欺诈。"如果在卡特尔协议中涉及使用不诚实的手段，对别人的权利构成歧视或有构成歧视的可能，而且参与卡特尔的成员知道他们无权这样行事，那么这样的卡特尔协议就构成了一起刑事共谋欺诈。"[②] 与合同法上欺诈是一种典型的意思瑕疵不同的是，竞争法上的欺诈本质

① 竞争法是欧洲国家对反垄断法的称呼，在美国则称之为反垄断法或反托拉斯法。

② Jeremy Lever, Cartel Agreements, Criminal Conspiracy and the Statutory "Cartel Offence", Part I, *European Competition Law Review*, 2005, 26 (2), 90~97.

上是一个市场行为问题，在这里欺诈是对自由市场经济秩序的干预，是一种典型的不正当竞争行为[①]。

刑法上的欺诈通常称之为诈骗罪，是指在经济活动中，采取虚构事实或者隐瞒真相的方法，骗取数额较大的公私财物的行为。刑法上的欺诈与民法上的欺诈，在侵犯的客体、使用的手段、造成危害的程度等方面都具有明显的区别，其中主观上有无非法占有的目的，是区分诈骗罪与民事欺诈行为的关键所在[②]。

在英美普通法系中，欺诈主要分为事实上的欺诈（Fraud in fact，fraud in the factum）和法定欺诈。事实上的欺诈，也叫普通法上的欺诈[③]，是有意图的欺骗行为，对既存事实的虚假陈述，当事人在作这种陈述时是知情的；不相信它为真实；鲁莽地不管是真是假，并且相信对方会依据虚假陈述行事，并对对方造成损害的行为。法定欺诈又叫推定欺诈（Constructive fraud），指的是虽无欺诈的故意或误述但法律将之视为欺诈的欺诈[④]。与普通法上的欺诈不同的是，推定欺诈是对当事人衡平法上

---

① 谢晓尧："欺诈：一种竞争法的理论诠释"，《现代法学》，2003年第2期，第164～165页。

② 参见肖中华："论合同诈骗罪认定中的若干问题"，《政法论坛》，2002年第2期；刘宪权、吴允锋："论金融诈骗罪的非法占有目的"，《法学》，2001年第7期。

③ 《朗文法律词典》（第6版），（英文影印本）法律出版社2003年版，第183页。

④ 《牛津现代法律用语词典》（第二版）（英文影印本），法律出版社2003年版，第209～210页。

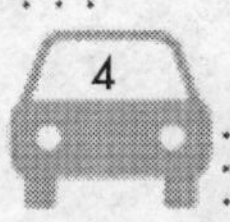

权利的违反，类似于大陆法系中在当事人之间存在某种诚信、勤勉关系的情况下的侵权法上的欺诈。

欺诈的例子，如超市知道是假货、过期食品不向消费者告知仍然出售；种子、化肥经销商知道化肥、农药是假的，仍然销售；销售商品房时开发商多算了建筑面积或者隐瞒了某些与产权有关的重要信息，这些都属于合同法上的故意告知对方虚假情况，或者故意隐瞒真实情况，诱使对方当事人做出错误意思表示，属于合同法上的欺诈。某上市公司的财务报表有假，但某注册会计师事务所仍然出具了无保留意见的审计报告则构成侵权法上的欺诈，因为注册会计事务所对公众投资者负有诚信、勤勉义务，注册会计师务所虽没有欺诈的故意，但只要有严重失职行为，都可以构成（推定）欺诈。某君通过信用证从银行取得了巨额贷款，然后逃之夭夭则属于刑法上的诈骗。某些如钢铁、彩电等行业内的企业联手以减少恶性竞争为名，对某些产品实施了最低保护价等则属于竞争法上的欺诈。

二、欺诈的构成

合同法上欺诈的构成要件包括欺诈方具有欺诈故意、欺诈方实施了欺诈行为、被欺诈方因欺诈而陷入错误、被欺诈人因错误而做出了意思表示这样四个部

① 王利明、崔建远著：《合同法新论·总则》，中国政法大学出版社1996年版，第251～255页。

分[①]。也就是说，合同法上的欺诈，不仅要求欺诈方有实施欺诈故意、有实施欺诈的行为，而且还要求被欺诈人的不真实意思表示与欺诈行为之间存在着因果关系。

侵权法上的欺诈构成不以侵权人的故意为必要条件，在当事人之间存在某种诚信、勤勉关系的情况下，负有义务的一方没有对另一方尽到应尽的注意义务，也即存在重大过失情形，则也构成侵权。从构成上看，侵权法上的欺诈包括六项要件：须有加害行为、行为须不法、须侵害他人之权利、须致生损害、须加害行为与损害有因果关系、须有责任能力、须有故意或过失[①]。

竞争法上的欺诈不要求行为人具有欺诈的主观故意，更多关注的是行为的效果。竞争法上判断欺诈的原则主要有本身违法原则和合理原则。如果行为人的一项协定行为就是竞争法所明确规定的禁止性行为，如固定价格、划分市场等，那么这种行为本身就属于竞争法上的违法行为；合理原则要求在判定一起行为是否属于有违市场竞争的行为时，要从衡量该行为对市场竞争的促进方面和抑止方面分别加以考量，再综合比较两者的效果，如果促进方面的效果大于抑止方面的效果，则并不违反竞争法的规定，反之则构成对竞争法的违反，需要

① 王泽鉴著:《民法概要》，中国政法大学出版社 2003 年版，第 204 页。

反垄断部门加以规制[①]。“从竞争法的角度来看，欺诈不要求行为人具有主观故意，一种行为只要在客观上具有误导消费者的效果，就足以构成欺诈。欺诈的救济措施，在主体设计、救济措施和赔偿责任上均有区别于传统合同欺诈的制度设计。”[②] 竞争法上欺诈的构成包括：厂商间的协同行为（不论有无协议）、行为的结果实际或者潜在地导致市场竞争的减少和消费者福利的降低等。

刑法上的诈骗犯罪的构成包括犯罪的共同要件，即犯罪客体、犯罪客观要件、犯罪主体和犯罪主观要件四个方面。按照我国《刑法》的规定，诈骗罪包括普通诈骗犯罪（第266条）和金融诈骗犯罪（第192～200条）两个部分。前者属于侵犯财产犯罪，其构成为：犯罪主体是一般主体；主观方面是故意，并且具有非法占有公私财物的目的；犯罪客体是公私财物的所有权；客观要件是用虚构事实或者隐瞒真相的方法，骗取数额较大的公私财物行为。金融诈骗犯罪的构成包括：犯罪主体是一般主体或特定主体；主观方面是故意，而且是直接故意和以非法占有为目的；犯罪客体是国家对金融的管理秩序和公私财产的所有权；客观要件是实施了刑法所规定的客观事实行为。

---

① 理查德·A·波斯纳著：《反托拉斯法》，中国政法大学出版社2003年版，第37－49页。

② 谢晓尧：“欺诈：一种竞争法的理论诠释”，《现代法学》，2003年第2期，第164页。

第二节 汽车保险欺诈

一、保险欺诈的定义

上文我们简要地对欺诈作了一个尽可能全面的界定，那么保险欺诈究竟是什么呢？在回答这个问题之前，我们先来看看美国法律对保险欺诈的界定。美国的保险业实行的是州监管体制，包括反保险欺诈法在内的保险法规都是由各州自己制定的。这些州的反保险欺诈法主要是依据两个版本制定的，一个是全美保险监管官协会（NAIC）版本（NAIC Model Insurance Fraud Statute），另一个就是反保险欺诈联盟（the Coalition Against Insurance Fraud）的版本（Model Insurance Fraud Act 1999）（15个州采纳）。现在我们分别考察这两部示范法中有关保险欺诈的定义。

全美保险监管官协会的示范法将保险欺诈定义为欺诈性保险行为，并做出了如下的定义："欺诈性保险行为应当包括但不限于任何人故意地并以欺骗对方为目的实施的行为、懈怠。（1）向、被要求向或准备向保险人、再保险人、目标保险人或再保险人、经纪人或任何代理人，做出任何口头、书面的陈述，该陈述中含有严重虚假信息或作为下列事项中重要事实的佐证材料，行为人在实施上述行为时知道或相信这些陈述将被送达上

述相对人。①申请签发保单；②保单的定价；③根据保单进行的索赔；④根据保单已经支付的保费；⑤根据保单条款已经作出的赔付；⑥取得授权证明的申请；⑦保险人、再保险人、目标保险人或再保险人的财务状况；⑧保险人或再保险人的收购。或隐瞒任何涉及上述重要事实的任何信息。(2) 已经失去偿付能力的保险人、再保险人或其他在该州保险法下被视为保险人的主体继续招揽或接受新的保险业务，或为上述保险主体继续招揽或接受新的保险业务。”

与全美保险监管官协会的示范法不同的是，反保险欺诈联盟 1999 年示范法中将保险欺诈扩展为欺诈性保险行为和违法保险行为两类，并作了如下的界定。

任何人故意并且有意欺骗对方，以使对方失去财产或金钱利益，实施、参与或帮助、教唆、合谋实施或招揽他人实施、或允许其雇员、代理人实施下列任一行为，则构成欺诈性保险行为。

1. 代表被保险人、索赔人或保险申请人向、被要求向或准备向保险人、保险业内人士、保费金融公司就一次保险交易或保费融资交易，提交的任何信息中对重要事项含有虚假陈述，或该信息压制或隐瞒了有关下列事项的重要事实，该信息的提供者在提供信息时知道或相信这些信息将被送达上述相对人。(1) 对任何保单的申请、估价或续签；(2) 根据保单做出的索赔要求；(3) 根据保单做出的赔付；(4) 有关保费融资交易的任何申请。

2. 向、被要求向或准备向保险人、保险业内人士、保费金融公司就一次保险交易或保费融资交易，提交（供）的任何信息中对重要事项含有虚假陈述，或该信息压制或隐瞒了有关下列事项的重要事实，该信息的提供者在提供信息时知道或相信这些信息将被送达上述相对人。(1) 招揽销售任何保单或目标保单；(2) 取得授权证明的申请；(3) 保险人的财务状况；(4) 保险人的收购、组合、合并、附属、分立。

3. 为/被已经失去偿付能力的保险人继续招揽或接受新的保险业务。

4. 从保险人的总部或其他经营场所或保管场所转移资产或有关资产、交易、重要事项或类似的重要记录，销毁或使保险监管部门无法看到这些材料。

5. 转移、挪用、转换、盗用保险人、被保险人、索赔人或要保人的资金，这些资金与 (1) 保险交易；(2) 保险人或保险业内人士从事保险业务；(3) 保险人的收购、组合、合并、附属、分立有关。

任何人实施、企图实施、帮助、教唆、招揽他人实施、或合谋实施保险欺诈行为都是非法的。

对违法保险行为的界定基本与欺诈性保险行为的界定相同，只是将“故意并且有意欺骗对方，以使对方失去财产或金钱利益”改变为“有意诱致信赖”，在 1、2 项中将对信息的定语改成“当事人知道对任何重要事实含有虚假陈述，或信息中包含当事人因为疏忽大意而没有意识到的虚假成分。”并删去 4、5 项，将 3 项调整成

"为/被已经失去偿付能力的保险人继续招揽或接受新的保险业务，招揽人应当知道保险人已经失去偿付能力或者因为大意而忽视了这一重要事实。"

对比两部示范法中对保险欺诈的定义，发现两者在下列三个方面存在着相同之处。(1) 广泛的欺诈主体范围。两者在对欺诈主体界定时使用的都是"任何人"的概念，不仅包括被保险人、投保人、受益人，而且还包括保险人、再保险人以及居于消费者和保险公司之间的保险中介机构，那些策划、帮助和教唆保险欺诈的个人也属于保险欺诈的主体范围。两部示范法之所以将保险欺诈的主体范围界定得如此广泛，这与法案中采用的保险概念有关。在反保险欺诈联盟示范法中，使用的是保险交易这一概念，它不仅包括投保人和保险人之间的依保险合同而成立的保险业务关系①，而且还包括众多保险业务的参与者，如公估机构、费率厘定机构、代表投保人参与理赔谈判的人员、律师、医生等执业人员等。在保险交易的概念之下，与保险业务有关的所有主体都有可能成立实施保险欺诈的主体。(2) 体现了最大诚信原则的要求。最大诚信原则是保险法的基本原则，保险

① 我国《保险法》对保险的定义仅限于投保人与保险人之间形成的合同关系，参见《中华人民共和国保险法》第二条，"本法所称保险，是指投保人根据合同约定，向保险人支付保险费，保险人对于合同约定的可能发生的事故因其发生所造成的财产损失承担赔偿保险金责任，或者当被保险人死亡、伤残、疾病或者达到合同约定的年龄、期限时承担给付保险金责任的商业保险行为。"

欺诈从本质上看就是对这一原则的违反和不遵守。两部示范法在对保险欺诈定义时，一方面沿用了民法上对欺诈行为特征的要求：故意告知虚假情况、隐瞒、压制真实信息；另一方面又将上述欺诈的行为特征限定在重要事实的范围内，这与最大诚信原则所要求的重要性测试是一致的。(3) 既有合同法上的欺诈也有侵权法上的欺诈。全美保险监管官协会的示范法中的①—⑤属于合同法上的欺诈；⑥、⑦、⑧项和（2）项属于侵权法上的欺诈；反保险欺诈联盟示范法中的（1）项属于合同法上的欺诈，(2) —（5）项属于侵权法上的欺诈。

但两者也有明显的区别：（1）反保险欺诈联盟1999年示范法对保险欺诈作了刑、民法上的区分，将保险欺诈区分为欺诈性保险行为和不法保险行为，并分别规定不同的处罚和救济办法，而全美保险监管官协会的示范法中只对保险欺诈作了民法上的界定。(2) 反保险欺诈联盟1999年示范法具有更大的包容性。在反保险欺诈联盟1999年示范法的摘要和立法理由中，立法者认为保险欺诈还应当包括其他法规所规定的保险人欺诈行为，也就是说保险欺诈还应当包括竞争法上的欺诈，只是这部分内容一般不是在一国的保险法中加以规定，而是在竞争法中加以规定的。

相比之下，笔者认为，反保险欺诈联盟1999年示范法中的保险欺诈定义要比全美保险监管官协会的示范法中的保险欺诈的定义要好。主要原因是：前者的定义包容性强，保险欺诈所具有的至少四个维度上的内容全部被纳入其中，但笔者并不赞成将刑法上的保险欺诈和民法上的保险欺诈合并在一部法律中加以规定的做法。按照包容性强和刑、民分立的思路，笔者对保险欺诈给出如下的定义：任何与保险业务活动有关的人所实施的任何故意就有关重要事实告知虚假信息、隐瞒、压制事实真相，或者在进行业务招揽中故意就有关保险人的情况告知虚假信息、隐瞒、压制事实真相，旨在骗取对方财物和金钱的欺骗性交易行为。此外，保险欺诈还包括其他法律上明确将之规定为保险欺诈的行为。

汽车保险欺诈指的是在汽车保险交易中发生的各类保险欺诈行为。汽车保险欺诈这一概念所具有的内涵包括：(1) 欺诈主体的多样性。所有与汽车保险交易有关的主体都有可能成为汽车保险欺诈的主体，这至少包括这样三个层次：首先是与汽车保险合同有关的主体，如投保人、被保险人、保险人、保险代理人、经纪人等；其次是与汽车修理、维护和道路交通事故受害者医疗救助有关的主体，如汽车修理厂、医疗机构及其雇员；再者就是与道路交通事故处理有关的主体，如警察、公估行等。不仅有客户欺诈保险公司，也有保险公司欺诈客户的情形。(2) 不仅有与保险合同的签订（承保）、履行（索赔）有关的欺诈，还有与违反诚信、注意义务有关的侵害对方财产权、知情权等权利内容有关的侵权法上的欺诈。(3) 对竞争法上的保险欺诈和构成犯罪的保险欺诈型态，则分别由其他相关法律予以规制。

基于为保险企业车险反欺诈提供决策支持服务的研

究目的考虑，本报告对汽车保险欺诈的研究将集中考察民法意义上的保险欺诈，即与保险合同的签订（承保）、履行（理赔）有关的欺诈，和与违反诚信、注意义务有关的侵害对方财产权、知情权等权利内容有关的侵权法上的欺诈，并以对前者的考察为主。对于犯罪形态和竞争法上的汽车保险欺诈的分析，则不是本报告的重点考察对象，只在一些必要的场合做出适当的分析。本报告的研究思路是通过对我国现存的汽车保险欺诈现象的归纳，整理出有关我国汽车保险欺诈的形态特征，在借鉴国外理论研究和反欺诈经验的基础上，为建立和完善我国保险企业车险反欺诈制度提供对策建议。

二、汽车保险欺诈的分类

在汽车保险实务中，与汽车保险业务经营有关的各类主体采取多种手法在不同的业务阶段实施欺诈，汽车保险欺诈的类型极为丰富。对汽车保险欺诈进行分类研究，一方面有利于对各类汽车保险欺诈的具体形式进行归纳、对不同类型欺诈的特征进行总结；另一方面也有利于保险监管部门、保险公司等主体针对不同类型的欺诈采取不同的对策措施，以提高反汽车保险欺诈工作的有效性。

1. 按保险标的的不同，可分为汽车损失保险中的欺诈、汽车责任保险中的欺诈和汽车消费信贷保证保险中的欺诈等。在我国，汽车保险按标的不同分为两类：汽车损失保险和汽车责任保险。汽车消费信贷保证保险

属于保证保险范畴，其保险责任范围是：投保人未能按机动车辆消费贷款合同约定的期限偿还欠款后3个月，保险人负责偿还投保人所欠款项，但以不超过保险金额为限[①]。不同国家的汽车保险具有不同的业务结构，按保险标的区分的汽车保险欺诈类型也不尽相同。如美国的私人汽车保险险种主要有五类：即体伤险（Bodily Injury Liability），该险种负责赔偿因驾驶员的过错导致的对他人的人身伤害赔偿；未保险驾驶员险（Uninsured Motorist），其责任范围是对与被没有投保或撞了就跑的车辆发生相撞所导致的人身伤亡的赔偿；人伤险（Personal Injury Protection），这是一个在实施无过错（no－fault system）汽车保险制度的州所共有的，以单起交通事故中所有受害者为赔偿对象的汽车责任保险；医药费保险（Medical Payments），这是一个在实施过错汽车保险制度的州普遍销售的，即赔偿单起交通事故中所有受害者医药费的险种[②]。与此相应，美国的汽车保险欺诈主要也就包括上述五类险种的欺诈。

2. 按欺诈发生的环节不同，保险欺诈可以分为理赔欺诈（claims fraud）、承保欺诈（application fraud）。理赔欺诈是保险欺诈中的最为常见的形式，也是承保欺

① 中国人民财产保险股份有限公司：《机动车消费贷款保证保险条款》，第二条。

② Insurance Research Council, *Fraud and Buildup in Auto Injury Claims, Pushing the Limits of the Auto Insurance System*, September 1996. at p.7.

诈的终结形式，其骗取的对象主要是较高的赔付水平。承保欺诈是由投保人在承保环节实施的欺诈，其骗取的对象既有较低的保费、也有承保资格（如对具有特别高的风险的车辆采取隐瞒事实的方法骗取承保资格等）和较好的承保条件。

3. 按照实施主体的不同，保险欺诈又可分为投保人（含被保险人）实施的欺诈、保险人实施的欺诈和第三人（主要是保险中介机构或其他人）实施的欺诈。投保人实施的欺诈是针对保险人的；保险人实施的欺诈则是针对被保险人的。第三人指的是保险合同当事人以外的其他与保险业务经营有关的个人和机构，如作为保险中介机构的代理人、经纪人、公估人、独立调查人等，还有诸如汽车修理厂、医疗机构等与汽车保险经营有关的服务机构和个人。

4. 按实施主体数量的不同，保险欺诈可分为单一主体欺诈和集团欺诈。如由投保人、代理人、经纪人、保险人等单独实施的欺诈，因欺诈行为的实施仅涉及单一主体，因而是单一主体的欺诈。集团欺诈则指的是两个以上主体联合实施的欺诈，如汽车损失保险中常见的汽车修理厂与投保人共同实施的欺诈，汽车责任险中医疗机构与投保人共同实施的欺诈等都属于两个主体联合实施的集团欺诈。集团欺诈的高级形式则是由集团内的主犯分别控制的汽车修理厂、医疗机构、警察、律师、托儿等合作共同进行的保险诈骗，这类保险欺诈具有很强的隐蔽性和危害性。

5. 按照实施主体隶属关系的不同，保险欺诈又可以分为外部人欺诈和内部人欺诈。内部人指的是保险公司内部人员，外部人指的是保险公司以外所有与保险业务经营有关的单位和个人。

没有
2%
轻微
14%
中等
56%
很严重
28%
0%
20%
40%
60%

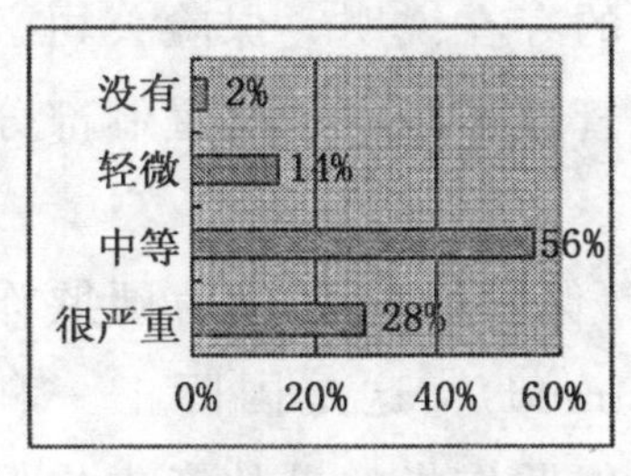

图1-1　外部欺诈

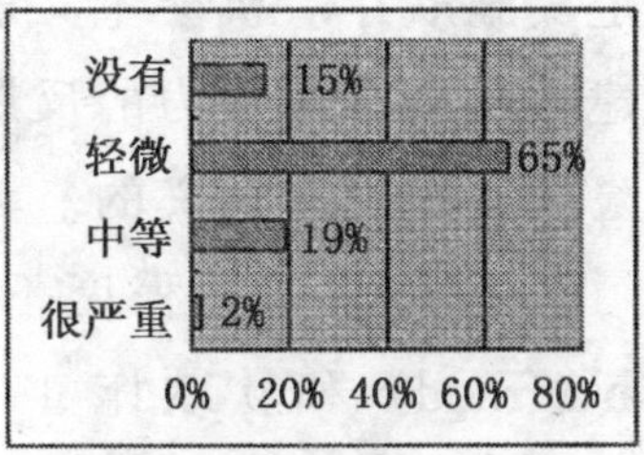

没有
15%
轻微
65%
中等
19%
很严重
2%
0%
20%
40%
60%
80%

图1-2　内部欺诈

资料来源：Conning & Company，*Insurance Fraud*，*the Quiet Catastrophe*，1996.P.93.

据美国 Conning & Company 在 1995 年所作的一项调查（见图 1－1 和 1－2），在 78 家受访的保险公司中有 28％的公司认为在他们公司外部欺诈问题很严重，认为内部欺诈很严重的只有 2％。该调查显示，保险公司的外部欺诈比内部欺诈要更为严重。

6. 按照欺诈的发生是否存在事先的策划，保险欺诈可分为有计划的欺诈（planned fraud）和机会主义的欺诈（opportunistic fraud）。有计划的欺诈指的是整个“事故”都是经过事先的精心策划、人为造假炮制的，犯罪团伙采用各种方式如雇佣驾驶员、托儿与警察、医疗机构合作等人为制造交通事故。在道路交通事故发生以后，投保人事先并没有实施保险欺诈的计划，但如果投保人发现保险公司的理赔管理存有漏洞，或在别人的劝说下实施了欺诈的行为则构成机会主义欺诈。如在一起交通事故当中，当事人没有受伤或只是受到轻伤，但还是决定到医院去检查，在律师或医生的教唆、怂恿下决定实施欺诈。机会主义欺诈的存在说明，保险公司必须建立起具有威慑力的反欺诈管理体系，这对遏制部分保险欺诈是很有意义的。

7. 按照欺诈的程度不同，保险欺诈可分为硬欺诈(hard fraud) 和软欺诈（soft fraud)，这是国际上一种通行的欺诈分类方法。所谓的硬欺诈指的是故意虚构保险事故（staged accident）和虚构人身伤害（faked injuries)；软欺诈通常是由单个的个人实施的，他在向保险人索赔时往往存在严重误述或夸大其词①。在硬欺诈的情形下，当事人所宣称的交通事故、人身伤害根本就不存在；而在软欺诈情形下，虽然存在着交通事故、人身伤害，但索赔材料中存在着虚假成分，令人难以甄别。例如，在人伤交通事故中，受害人往往声称自己的颈部、腰部、皮下软组织等受到伤害，因为这类病症通常存在着确诊难、治疗时间长、医疗费用不确

---

① “Most analysts agree that hard fraud, which often involves intentionally staged accidents and faked injuries, is more common in urban areas, but that soft fraud, which is usually committed by individuals and involves primarily misrepresented or padded claims, has no geographic boundaries.” Insurance Research Council and Insurance Service Office, Inc., *Fighting Insurance Fraud*, *Survey of Insurer Anti - fraud Efforts*, 2001.at p.7.

定等情形，这类软欺诈容易成为保险公司反欺诈中的难点。

8. 按照欺诈的具体对象不同，保险欺诈可分为保费欺诈、赔付欺诈。随着汽车保险市场竞争的加剧，车险产品差异化十分明显，各家保险公司都在自己的产品设计中规定有“从人因素”和“从车因素”。对那些驾驶经验丰富、无不良嗜好的驾驶员和车辆使用频率不高，主要在本地使用的车辆，保险公司都愿意以较低的费率和较好的承保条件予以承保，而对于那些取得驾照时间不长的驾驶员和车况不好的车辆，保险公司则要求较高的保费和苛刻的承保条件。有些投保人为了骗取较低的保费，可能采用提供虚假的证明材料或者隐瞒交通事故记录的办法实施保费欺诈。赔付欺诈则是以骗取较多的赔付额为目的的欺诈，事故发生以后投保人常常采取虚增费用、扩大损失等方法人为抬高索赔额，以获取较多的赔付。

此外，学者们在研究中还根据资料文献的可得性和研究的需要，对汽车保险欺诈进行了不同的分类。如 Richard A. Derrig 就曾将汽车保险欺诈分为人为策划的事故（staged accident）、非事故损失索赔（claimant not involved in accident）、重复索赔（duplicate claims for same injury）、虚假医疗单据索赔（bills submitted for treatment not given）、与事故无关伤害的索赔（real injury, unrelated to accident）、伪造伤害（fictitious injury）、虚夸工资损失（misrepresentation of wage loss）

和其他等八类[①]。另外，保险监管部门为了统计上的方便，还有将汽车保险欺诈按渠道和处理结果进行分类的做法。如美国麻省保险欺诈局从 1991 年就从公众、政府获得有关汽车保险欺诈的资料，从而在实践中形成了按渠道将汽车保险欺诈分为公众举报的、保险公司报告的等类型，按处理结果分为举报核实的、已经结案的、移送检察机关起诉的等类型。

三、汽车保险欺诈的特征

尽管汽车保险欺诈的类型繁多，不同类型的车险欺诈各有自身的特点，但总起来看，汽车保险欺诈仍然存在着五个方面的共性。其中极强的隐蔽性、主体的多样性和形态的复杂性是车险欺诈的外在属性，非法性、可控性则体现了车险欺诈的内在属性。

1. 极强的隐蔽性。在国外，保险欺诈被视为是隐藏性的犯罪（hidden crime），从表面上看，几乎所有的承保、理赔业务都是真实可靠的，也即保险业务的运行并不存在所谓的表面瑕疵，惟有经过一番专门的调查才能发现保险欺诈的存在。汽车保险之所以具有如此强的隐蔽性是有多方面原因的。（1）车险业务本身具有信息严重不对称的特性，信息上的严重不对称为投保人采取提供虚假信息、隐瞒真实情况、压制事实真相等手段为

---

① Richard A. Derrig, Insurance Fraud, *the Journal of Risk and Insurance*, 2002, Vol.69, No.3, 271～287. at p.274.

实施欺诈提供便利。(2) 车险业务的经营主要是以合同形式和各类投保、索赔单据为载体的，在有计划的欺诈、内部人欺诈、集团欺诈、软欺诈等形态下，上述各类书面文件一般不存在明显瑕疵，这就给保险公司识破欺诈真相增加了难度。(3) 在保险人、保险代理人、经纪人实施欺诈的情形下，他们所持有的身份标志尽管可能存在虚假，但作为消费者的投保人是很难发现和识别的。

2. 实施主体的多样性。按照通常意义上的理解，似乎只有投保人才是实施保险欺诈的惟一主体，其实不然，与保险业的经营有关的所有主体，包括代理人、经纪人、公估人、理算人、独立调查人等都有可能实施保险欺诈，在特定情况下，保险公司也可以实施对客户的保险欺诈。此外，与保险合同没有直接关系的汽车修理厂、医疗机构及医护人员、律师事务所及律师、警察，虚假公章、文件的出售机构（人）等也可以通过提供虚假索赔材料或与被保险人联合的方式实施保险欺诈。另外，有些不法分子还会利用设立虚假的保险公司、保险经纪公司、保险代理公司等方式实施欺诈。

3. 欺诈形态的多样性、复杂性。从实践中看，车险欺诈涉及的主体繁多、手段复杂、方式多样，而且随着社会的进步和车险业的发展，车险欺诈的形态也日趋多样和复杂。从欺诈的主体来看，既有投保人、保险人，也有第三人实施的欺诈；既有单个主体，也有多个主体实施的欺诈；既有保险公司外部人员实施的欺诈，也有保险公司内部人员实施的欺诈。从欺诈的手段来看，既有故意提供虚假信息、隐瞒、压制真实情况，也有通过设立虚假的保险中介机构、利用网络、虚假的车险标识等手段实施的欺诈；既有有计划的欺诈，也有机会主义的欺诈等等。从方式上看，既有伪造、篡改《道路交通事故处理意见书》、《道路交通事故责任认定书》，也有以虚假凭证索赔欺诈；既有以虚假材料实施的保费欺诈，也有以夸大损失方式实施的赔付欺诈等。

4. 非法性。如前文所述，车险欺诈至少具有合同法、侵权法、竞争法和刑法四个维度，车险欺诈是为上述四法所禁止的行为，具有非法性。如依照《合同法》的一般原则，一方利用欺诈、胁迫手段签定的合同无效，再依照《保险法》第 17 条的规定，"投保人故意隐瞒事实，不履行如实告知义务，或者因过失未履行如实告知义务，足以影响保险人决定是否承保或者提高保险费率的，保险人有权解除保险合同。"《刑法》第 198 条对保险诈骗罪进行了明确的规定。《反不正当竞争法》第二条要求经营者在市场交易中应当遵循自愿、平等、公平、诚实信用的原则，遵守公认的商业道德。既然车险欺诈为现行的法律所不允，并为受欺诈人提供了适当的救济，一方面投保人在投保时应当履行如实告知义务，远离车险欺诈；另一方面受到车险欺诈的受害方应当依法维护自己的合法权益，同车险欺诈行为作斗争。

5. 可控性。尽管车险欺诈具有极强的隐蔽性、欺诈的形态日趋复杂，但面对车险欺诈，保险公司、保险

监管部门、保险行业协会、消费者等不是无可奈何、无所作为的。只要保险公司拥有足够的证据，是可以按照《保险法》的规定采取解除合同等方式得到法律保护的。消费者在受到保险欺诈时也是可以依据《保险法》、《合同法》获得法律上的救济。就保险公司来说，能否取得反车险欺诈的成功，关键是要有一套完善的理赔管理制度，这套理赔管理制度对车险欺诈应当具有很强的威慑力和识别力，以使那些想欺诈的人放弃欺诈，使那些实施的欺诈能够及时得到发现[①]。纽约实行的是无过错责任汽车保险制度，该州的汽车保费一直仅次于新泽西州居全美第二，经过三年不懈的反车险欺诈努力，从2005年1月开始，该州的车险费率开始下降[②]，纽约州卓有成效的反车险欺诈事例说明：只要保险公司、保险监管部门、保险行业协会、消费者等联合起来，采取有效措施，遏制和减少车险欺诈是完全有可能的。

第三节　汽车保险欺诈的危害与成因

由于保险欺诈具有极强的隐蔽性，这使得对保险欺

① Sharon Tennyson and Pau Salsa－Forn, Claims Auditing in Automobile Insurance: Fraud Detection and Deterrence Objectives, *the Journal of Risk and Insurance*, 2002, Vol.69, No.3, 289～308.

② Anti－fraud Dividend, *the Journal News*, 1 Jan.2005.

诈的精确计量几乎是不可能的，现有的车险欺诈规模的数据都是估算出来的。据美国反保险欺诈联盟估计，每年发生在美国的保险欺诈大约有800亿美元，平均每个家庭950美元，每个公民326.47美元①。车险、工伤险和健康险被公认是美国保险欺诈的三大重灾区。美国保险研究理事会1996年发现，有1/3的汽车碰撞事故与保险诈骗有关。每三起由车辆碰撞引起的人伤赔案中就有一起涉嫌欺诈，这类赔案每美元的赔付中就有17~20美分赔给了诈骗方，每年因欺诈车险消费者所增加的支出高达52~63亿美元。

迄今国内还没有对保险欺诈情况作过专门的深入研究，监管部门和行业机构也没有对保险欺诈的规模作过估计，但有媒体认为，国内的保险欺诈形势严峻，仅车险欺诈就占到车险赔付的20%②。

一、汽车保险欺诈的危害

从某种程度上讲，现代社会已经是汽车社会，汽车已经越来越成为人们生活的必需品。作为高速运输工具的汽车在为人们带来极大便利的同时，其所可能具有的潜在危害也越来越引起人们的重视。在建设和谐社会的今天，汽车保险作为缓解和消除因使用汽车所可能造成的对受害人及其家庭、社会的负面影响的重要制度，正

① www.insurancefraud.org.

② “车险赔款两成是骗保”，《世界商业评论》，2005年1月18日。

发挥着越来越重要的作用。车险欺诈的盛行，不仅直接导致了车险保费的上升，加重了投保人的经济负担，而且还对汽车保险的经营制度产生了冲击，具有多种反社会的危害。

1. 车险保费上升，加重了投保人的负担。美国商会（Chamber of Commerce）估计，欺诈使得非寿险业的费率上升了25%，保险研究理事会估计每年仅人伤案件中的欺诈金额就高达52～63亿美元。全美保险犯罪局（National Insurance Crime Bureau）的官员对保险欺诈有一个形象的比喻：如果在美国实施保险欺诈的是一家公司的话，那么该公司每年从保险欺诈中获得的收入加上盗抢车辆获得的收入，足以使得这家公司位居世界500强中的前25名，而且这个行业极富成长性。根据学者的研究，消费者对保险产品的需求与生活必需品一样，具有很低的价格弹性，也就是说，保险产品的需求对价格不敏感，保险公司可以将欺诈造成的成本上升通过提高保险产品费率的方式转移给消费者。表1－1列举了车险、健康险与其他商品不同的价格弹性，从表中可以看出，健康险产品的价格弹性比食品还低，汽车保险产品的价格弹性比食品要高出2～3倍，但仍然处于较低的水平，而外出用餐的价格弹性则高达2.27。对价格弹性低的产品，卖方是可以通过提高价格的方式将过高的成本转嫁给消费者。

2. 对汽车保险经营制度产生冲击。（1）由于外界人士一般很少了解保险是如何运转的，汽车保险欺诈的

表 1-1　　不同产品之间的价格弹性[1]

产　品	价格弹性
健康险	-0.16
汽车保险	-0.56
食品	-0.21
外出用餐	-2.27

普遍存在使得保险公司不得不从严控制保险赔付条件或者以提高汽车保单的销售价格，在保险公司对客户的教育没有相应跟上的情形下，很容易导致客户对保险公司的不信任[2]，进而导致保险公司的社会形象进一步恶化。(2) 如果保险公司一味地以涨价的方式向消费者转移欺诈成本，将会导致汽车保险需求的减少，从而对汽车保险业的发展产生不利的影响。以日本为例，汽车强制保险与任意保险的保费收入比率是：15.5%:84.5%，任意汽车保险的价格主要由市场调节，如果汽车保险公司经常提高费率的话，那么势必对占汽车保险大头的任意保险产生较大的冲击[3]。(3) 由于汽车保险是最容易

① Robert E. Hoyt, the Effect of Insurance Fraud on the Economic System, *Journal of Insurance Regulation* 304~315, at p.308.

② 如 2004 年 11 月，中国人保推出 500 元绝对免赔额的时候就引发了消费者的不满，对此媒体有不少报道。

③ 对汽车保险中的强制保险，因其费率受到管制，保险公司是无法通过涨价的形式向消费者转嫁欺诈成本的。

受到欺诈侵害的险种之一[①]，汽车保险欺诈的大量存在对专业汽车保险公司的稳健经营有着决定性的影响。在一段时间内，高昂的汽车保险欺诈可能使得某些汽车保险公司在短期内丧失偿付能力，并走向破产。

3. 汽车保险欺诈有多种反社会的危害。汽车保险欺诈的危害不仅表现在经济方面，更为严重的是汽车保险欺诈还具有多种反社会的危害。具体表现在：(1) 汽车保险欺诈代表的是恶意、失信、邪恶，与人们所弘扬的善意、诚信、正义的社会观念格格不入，汽车保险欺诈的盛行不利于倡导诚信、友爱的社会风气。(2) 在集团型的汽车保险欺诈中经常有无辜的人们受到“莫名”的伤亡，车险欺诈团伙往往事先锁定一些作案目标，实施人为的追尾、碰撞，每年导致数量不菲的无辜人员伤亡，制造出多起人间悲剧。(3) 车险欺诈导致的高额费率往往使得不少消费者无力购买足够的汽车责任保险，而这些汽车责任保险往往又是社会所需要的，一旦发生恶性道路交通事故，投保人无力支付巨额赔付，不仅对受害人而且对投保人的生活和长远发展都产生深远的影响，造成严重的社会问题。

二、汽车保险欺诈的成因

无论在国外还是在国内，车险欺诈都存在着规模

---

① 关于汽车保险为什么容易受到欺诈的侵害的原因，请看下文的分析。

大、危害程度高的特点，那么为什么汽车保险存在着如此高的欺诈比例呢？按照常理，随着汽车制造技术和汽车安全配置的提高，道路交通事故有逐年下降的趋势，保险赔付率会下降，车险欺诈有逐步减少的趋势，但发达国家的事实并不是这样。究竟是什么原因导致了车险欺诈居高不下，成为全球保险业的通病呢？总起来看，车险欺诈居高不下的原因主要在于以下四个方面：

1. 险种本身的原因。汽车保险所具有的一些特点使得车险成为最容易遭受欺诈的三大险种之一。据美国Conning公司的研究，从1985年到1994年的10年间，年度保险欺诈的数字由开始时的118亿美元增长到1994年的194亿美元，增幅为64%，在10年累计高达1630亿美元的欺诈数字中，工伤险占到587亿美元，接下来是汽车责任险和汽车损失险，分别达到489亿美元和225亿美元，累计起来看，车险欺诈高达714亿美元，占全部保险欺诈额的44%，是第一大遭受欺诈的险种。主要险种间欺诈数额变化的趋势如图1－3所示。车险为什么容易遭受欺诈呢？据笔者的研究，这主要与车险的自身业务特点有关，具体来看，原因主要有：

（1）从业务结构上看，车险主要包括汽车损失险和汽车责任险在内的综合性险种。因而在车险欺诈中，既有与汽车的维护、修理、盗抢有关的物理方面的欺诈，又有因道路交通事故遭受的人员伤亡所发生的赔偿责任方面的欺诈。道路交通事故率的居高不下、汽车修理费

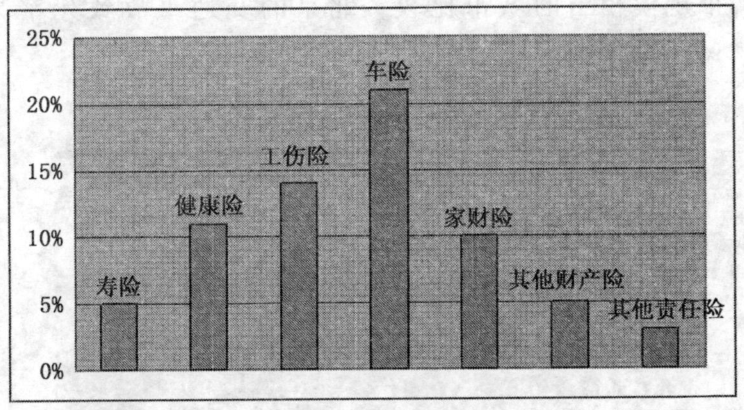

图 1－3　1998 年美国保险业内人士对不同险种欺诈比例的估计[1]

用和人身伤亡赔偿费用的提高，一方面刺激了车险欺诈者实施欺诈，另一方面也为其实施欺诈提供了机会。道路交通事故率高是诱发车险欺诈的重要因素。我国是道路交通事故死亡人数最高的国家，连续数年一直居世界第一位（见图 1－4）。2001 年中国交通事故死亡人数为 10 万人，而同年美国的数字为 4 万人，日本为 1 万人。据全球各交通和警察部门的统计，2003 年全世界交通事故死亡人数为 50 万人。其中，中国交通事故死亡人数为 10.4 万人，美国、俄罗斯的死亡人数分别为 4 万人和 2.6 万人。我国交通事故的致死率也是世界最高的，为 27.3%，而美国为 1.3%，日本只有 0.9%。拿

① Han B. Kang, Fighting Insurance Fraud in Illinois: Insurers, Regulators, and Consumers, *CPCU Journal*, Winter 2001, p.202.

两个规模相当的城市比较，北京的交通事故致死率为14%，东京则为0.7%。①

我国道路交通事故死亡人数居高不下

目前，我国汽车保有量只占全世界的1.9%，但事故死亡人数却占全世界的15%左右。我国已成为世界上道路交通事故最为严重的国家。

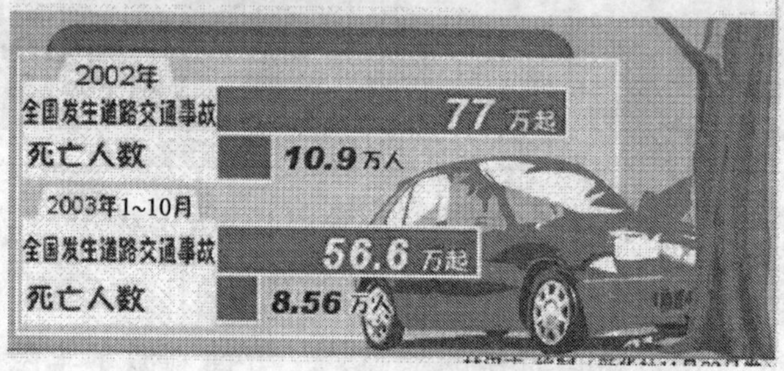

图1-4　我国的道路交通事故死亡人数居高不下

资料来源：《新京报》，2004年8月15日。

即便在发达国家，虽然道路交通事故率有了明显的下降，但由于医疗费用的上涨和健康保健水平的提高，案均人伤赔付水平仍处于上升趋势，这也从另一方面解释了为什么在发达国家也存在着较多的车险欺诈。美国保险研究理事会2005年1月发布的一项研究成果表明：尽管道路交通事故发生的频率在下降，重大恶性交通事故发生的频率也在减少，但是仍有超过1/4以上的道路

① "我国目前是道路交通事故死亡人数最高的国家"，《新京报》，2004年8月15日。

交通事故可能导致人身伤害[1]。一个明显的变化是：受伤者所需拜访的医疗救护人员范围比以前增多了，先前用不到的诸如脊椎指压医师、临床医生、按摩师也都出现了，而且受害者在这些地方接受治疗的时间也延长了，外加美国医疗费大约以每年4%的速度增长，平均费用也相应地提高了[2]。图1-5显示了美国1980～

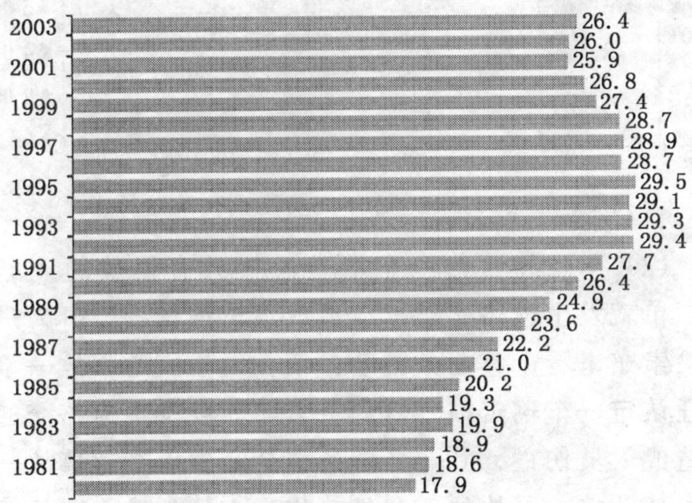

图1-5 美国1980—2003年间人伤案件占车险赔案的比例

资料来源：保险研究理事会：*Trends in Auto Injury Claims*, 2004 *Edition*。

---

① More Than One in Four Auto Accidents Result in Injury Claims, IRC Study Finds Injury claims are common despite lower auto accident rates and fewer serious injuries, Insurance Research Council, Jan.24, 2005.

② IRC Study Finds Skyrocketing Auto Injury Losses Despite Declines in Serious Injuries, Insurance Research Council, Jan 15, 2005.

2003 年间人伤案件在车险赔案中的比例，从 20 世纪 90 年代以来，这个比例逐年下降，但从图 1－6 中可以看出，同期人伤险（Body injury）的赔付水平却一直处于上升趋势。

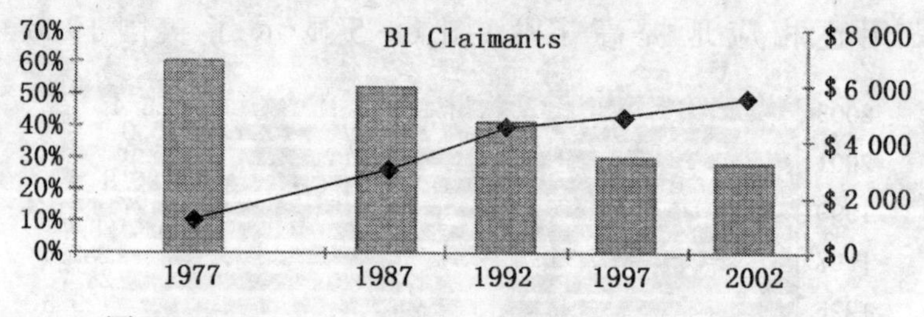

图 1－6　1977—2002 年间美国人伤险赔付水平

（2）车险经营与汽车消费一样具有很长的业务链条。单就发生道路交通事故造成汽车损伤，当事人进行保险索赔来看，其业务链条包括：发生交通事故—事故责任认定—车辆定损—修理—索赔。就发生道路交通事故造成人员伤亡，其业务链条包括：发生交通事故—事故责任认定—事故处理意见—伤亡人员救助—事故赔偿标准和数额的确定—事故赔偿—索赔。在这一系列的业务环节中，保险公司只能对少数环节进行控制，当事人都存在着作假骗取保险公司赔付的可能性。

2. 全社会对保险欺诈的态度。全社会表现出来的对保险的不正确看法和对保险欺诈的容忍在很大程度上对保险欺诈的盛行起到了积极的推动作用。多数人并不视保险为保障，而是视保险为致富的一种手段，他们经常将保险与储蓄、证券投资进行收益上的比较。如果一个人已经连续好多年支付保费，但并没有获得任何赔付，他那种想要拿回已经“存入”保险公司的钱的欲望就特别地强烈。消费者通常认为保险欺诈是没有受害者的游戏，因而表现出对保险欺诈的极度理解和宽容。美国保险研究理事会（IRC）1997年的公众态度调查显示，36%的美国人认为夸大保险索赔数额以讨回部分保费是可以接受的，在西部这个数字高达39%，在东北部地区和城市里这个数字更是高达42%。到2000年时这个比例降到25%。在1997年有40%的美国人认为，可以通过夸大损失的办法满足车险中的免赔额要求，到2000年这个比例还在1/3以上。美国医疗协会会刊在2000年披露，有超过1/3的医生被病人要求多开药，以欺骗保险公司或其他第三方责任人；有1/10的医生曾为没病的“病人”开药。反保险欺诈联盟（the Coalition Against Insurance Fraud）1997年的一项研究表明，21.2%的受访者对欺诈保险公司的行为表示高度理解；26.4%的受访者表示中度理解，在他们看来，因为有许多人在欺骗保险公司，因而不赞成对骗保者予以重罚。

在2002年10月，英国保险人协会作了一个调查。在2003年2月发表英国保险人协会对2000个成人所做的调查报告[①]，其结果如图1-7所示。有近一半（47%）的受访者认为不确定在未来是否会实施欺诈性

① Association of British Insurers, *What is dishonest? Facts on Fraud No*.1, Feb.2003.

索赔行为；有37%的受访者不排除自己会从事故意制造保险事故实施保险欺诈性索赔。该调查报告还显示：实施过保险欺诈的人实施其他犯罪的可能性加大。在曾实施过保险欺诈的人当中，有38%的人曾使用过别人的信用卡，31%的人实施过商店盗窃，53%的人承认购买过赃物。

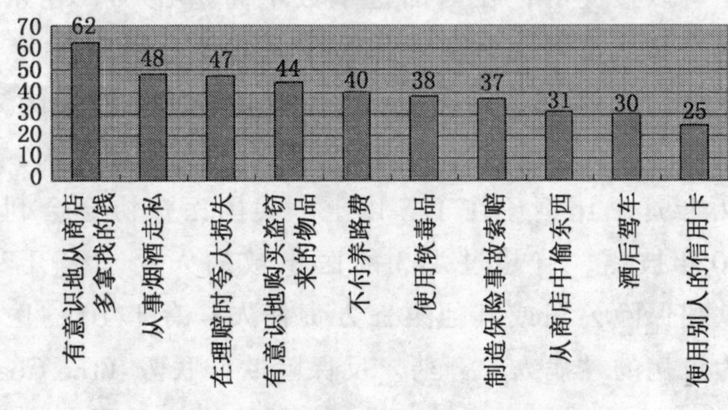

图1-7　不排除在未来不实施欺诈行为的比例

3.保险公司的管理能力和反击力度。车险欺诈的盛行还与保险公司的管理能力和对车险欺诈的反击力度有关。那些在内部控制和流程设计方面存在缺陷、内部信息交流不通畅和激励机制不到位的保险公司通常是无法识别和发现车险欺诈的。正如上文所分析的，车险欺诈具有隐蔽性的特征，披着“保单”这件合法的外衣，保险公司要想遏制和防范车险欺诈，就必须构建一套兼具威慑力和识别力的反欺诈系统，这就需要大幅提高保险公司的管理水平。

在实践中，不少保险公司对一些小额的可疑赔付采取了极为宽容的态度，这些公司往往对一些可疑度较低的索赔采取了通融赔付的做法，保险公司的这类做法无意中助长了保险欺诈行为。另外，保险公司惧怕拒赔可能引发的长时间的诉讼纠纷和巨额赔偿，会对保险公司的声誉和形象造成损害，这使得保险公司往往对已经发现的车险欺诈只是以拒赔告终，并没有积极诉之于法律手段予以严惩，保险公司在反击车险欺诈方面存在着明显的反击力度不够的特点。

4. 惩罚力度不够。从经济学上讲，只要实施欺诈所可能获得的预期收益大于成本，实施欺诈就是可行的。在欺诈预期收益相同的情形下，实施欺诈的成本越大，行为人所可能获得的收益越小，实施欺诈的可能性也就越小。加大对车险欺诈的惩罚力度，一是要增加车险欺诈的被发现概率，二是要加大对车险欺诈者的惩罚力度。车险欺诈被视为是一个低风险、高回报的犯罪，其被发现的概率要大大低于走私毒品和武装抢劫。要提高车险欺诈的被发现概率，则必须构建以保险公司为主体、包含政府部门、行业性组织和消费者等在内的防范保险欺诈组织体系，采用多种方法发现和识别车险欺诈。

在美国，由于司法系统和职业团体普遍存在着对车险欺诈的宽容态度，这妨碍了对车险欺诈者采取更为严厉的惩罚措施。检察官总是优先处理诸如毒品犯罪、暴力犯罪和其他恶性犯罪，同时也认为保险欺诈太专业、技术性太强，很难进行成功的控诉。考虑到监狱人满为患和要为重犯预留空间的需要，法院对认定保险欺诈犯罪的要求越来越高，并且普遍倾向于轻判犯人。虽然有职业的团体对诸如医生、律师涉嫌保险欺诈的行为进行监督，但这些团体也不愿意对这些职业团体的会员采取更为严厉的措施。

第二部分

汽车保险欺诈的主要形式

在完成了对欺诈和保险欺诈的理论界定之后，我们将展开对汽车保险欺诈形式的分析。对汽车保险欺诈形式的分析，一方面有助于我们加深对汽车保险欺诈本质的认识，另一方面也为下文的对策研究提供了前提。考虑到汽车保险主要包括车损险、责任险和消费信贷保证保险三个方面的内容，本部分的分析将以此为主线展开，并将诸如经纪公司与保险公司合谋欺诈消费者、虚构保险中介主体诈骗等归入其他类型的汽车保险欺诈。

第一节　汽车损失险中的欺诈

汽车损失险有狭义与广义之分，狭义的汽车损失险是机动车辆保险的主险之一，是指投保车辆损失保险的车辆，在被保险人或其允许的合格驾驶员使用过程中，遭受保险责任范围内的自然灾害或意外事故，造成被保险车辆毁损，保险人依照保险合同的约定，在保险金额范围内对被保险人进行经济补偿。广义的车辆损失险是狭义的车损险和全车盗抢险、自燃损失险、玻璃单独破碎险、新增加设备损失险等附加险的总称[①]。汽车损失险是典型的财产保险，财产险中惯用的欺诈方式在汽车损失险中也广为存在，这些方式包括：虚构保险标的、冒充保险标的（如两车一牌的套牌骗保现象[②]）、重复保险[③] 或超额保险、受损后保险[④]、编造保险事故、制造保险事故、编造虚假的事故原因、故意扩大财产损失程度、故意夸大财产损失程度等等[⑤]。

近年来，随着我国汽车工业的迅猛发展和汽车消费的日趋成熟，汽车消费的社会化程度大幅提高。这主要表现在：一是私家车保有量的大幅提升。以北京为例，北京市平均每天新增机动车 1 000 辆，全市机动车保有量已达到 241 万辆，北京私人机动车保有量已超过 165 万辆[⑥]。二是汽车服务的社会化。与 20 世纪 90 年代中

① 贾海茂主编：《机动车辆保险》，中国金融出版社 2002 年版，第 15 页。

② 中国人保上海分公司 2004 年 3 月发现被保险人李同纪有利用货车豫 P20496 套牌骗保的行为。

③ 刘元祯："一车多保为发保险财　骗局戳穿赔款被追回"，《中国保险报》，2004 年 7 月 8 日。

④ 刘宗印："出险后投保诈骗被查获"，《中国保险报》，2004 年 3 月 24 日。

⑤ 李玉泉主编：《保险欺诈及其法律对策》，人民法院出版社 1999 年版，第 26～46 页。

⑥ "京 H" 速度隐藏危机 北京能承载多少汽车，http://news.sohu.com/20050711/n226259317.shtml，2005 年 7 月 11 日。

期以前，汽车大量由单位所有，车辆维修主要由各单位自主解决的情形不同的是：私家车现在成为汽车市场的主体，汽车维修服务转为社会化，社会上出现了大量的汽车维修服务机构，如上海市就有 5 500 多家汽车维修机构。三是汽车消费空间的扩大。随着道路交通条件的改善和运输业的发展，以货运车为主要载体的跨区域的货物运输业发展很快；私家车除用于上下班外，也大量用于自驾车旅游。在汽车保险产品的供给方面，为因应 2003 年我国车险条款费率放开后的激烈市场竞争，各家保险公司纷纷推出了各类不同的风险细分型车损险条款[①]（其差异主要体现在风险细分标准、保险责任范围和特约条款内容等方面），这些带有个性化特征的车损险条款的推出，在满足不同客户不同的保险需求方面发挥了积极的作用，但也给那些蓄意实施车险欺诈的人提供了潜在的机会。由于汽车消费社会化程度的不断提高，汽车消费的链条越来越长，其中的任何一个环节没有控制好都有可能导致保险欺诈的发生。个性化车损险产品的推出，使得那些蓄意实施车险欺诈的人有机会以提供虚假信息的形式骗得较低的保费或较好的承保条件。伴随着上述新情况的出现，现阶段我国汽车损失保险欺诈的形态出现了一些新的变化，这些新的变化主要表现在以下五个方面。

① 唐运祥主编：《中国非寿险市场发展研究报告（2003）》，中国经济出版社 2004 年版，第 72～73 页。

一、利用虚假材料（信息）实施的欺诈

由于汽车消费的日益社会化，车险欺诈的实施方可以从多种渠道获得虚假材料，同时投保人还可以采用向保险人提供虚假信息的形式实施欺诈，这使得利用虚假材料（信息）成为我国当前车损险欺诈的主要形式。实施车损险欺诈在承保、理赔环节所需的材料（信息）是不同的。就承保环节来说，车辆购置发票是确定保险价值的最重要依据，也是最主要的承保资料；有关车辆使用性质（营运、非营运）、驾驶人的驾驶记录、性别、汽车品牌和有无气囊、电子防盗设备等（与盗抢有关）以及行驶里程等方面的信息是保险人决定是否承保或以什么条件承保的重要依据。理赔环节所需的材料包括《道路交通事故责任认定书》、《道路交通事故损害赔偿调解书》、汽车维修发票、证人证言、有关车辆损害的照片资料、车辆 VIN 拓片、驾驶人员的驾驶证、车辆行驶证等。投保人往往通过提供虚假的车辆购置发票、有关车辆、驾驶人方面的虚假信息实施骗保；出险后，索赔方往往通过购买假发票、虚开发票、伪造、变造、篡改索赔材料等方式实施骗赔。

二、单方事故中的欺诈

单方事故发生时只有驾驶人一方在汽车交通事故现场，因为缺乏目击证人，特别具有隐蔽性，这类事故往往成为投保人实施车险欺诈的较为理想的形式。投保人

利用单方事故实施欺诈的手法主要包括：(1) 出险后投保。在发生单方事故后，车主往往将事故车隐藏起来，再设法投保，骗取保险金。有的人甚至在事故现场不顾生命危险打电话投保。(2) 慌报案情。单方事故的发生有可能是驾驶人没有合法驾驶证件，或驾驶人属保单除外人员，或车辆在非保险区域行驶等，如果车主如实向保险人报告案情，可能得不到赔偿，因而采取慌报案情的方法实施保险欺诈。在某些情况下，有些人还采取伪造情节如人为损害车辆的某些部件，故意制造一些伤害等办法以使慌报的案情更为“真实”。(3) 编造损失。单方事故的车主往往与汽车修理厂、交通警察、甚至保险公司内部人员相互勾结，通过人为夸大、虚构损失等办法来实施保险欺诈。在某些极端的情况下，甚至整个事故都是编造的，这种情况也就是发达国家常说的纸面损失 (paper loss)。

三、盗抢险中的欺诈

在我国，汽车盗抢险是作为汽车综合险或附加险提供的，主要是对保险车辆全车被盗窃、抢劫、抢夺后的全车损失，或车辆受到损坏，或车上零部件、附属设备丢失需要修复的合理费用进行赔付。在美国，车辆盗抢险的保障范围比我国要广，不仅包括整车盗抢，还包括汽车零配件如气囊等的盗抢或丢失。在发达国家，汽车盗抢是一种发生频率很高的车辆损坏事故形式。例如，在美国平均25秒就有一辆汽车被盗，2003年的被盗车辆高达126万辆，涉案金额高达86亿美元，比2002年增加2.4%①。在日本，平均每天有170辆车被盗，被盗车的数量自1999年以来急剧上升，2002年时达到62637辆②。在马来西亚，2003年保险公司仅支付给私人被盗汽车的赔款就高达4.88亿马元，比2002年的2.40亿马元高出一倍多③。在我国，汽车盗抢欺诈正日益成为车险欺诈的重要形式，据中国人民财产保险股份有限公司深圳分公司的统计，该公司调查岗2004年一年受理的盗抢险疑难案件就达到345起，而全年接受的各类疑难案件共计721起，疑难盗抢案件的数量已经占到深圳人保疑难案件总数的1/3。2004年深圳人保配合公安部门追回的被盗车辆就有141辆之多，涉及赔款1 100多万元。

盗窃险欺诈的形式大致如图2－1所示。首先由车主向保险公司报告发生盗抢事故，实际上被盗抢车辆已经被转卖给他人，或经过改造、伪装再行转卖甚至出口到了境外；还有的车主将汽车拆卸，所得的零配件再向国内的二手零配件市场销售；有些车主甚至采用纵火烧毁、深埋等方式，彻底销毁车辆。盗抢险欺诈的主要特征有：(1) 具有一定的团伙性。正如图中所示，盗抢险

---

① Auto Theft, *Insurance Information Institute*, March 2005.

② 堤保夫："日本的机动车保险自主经营和损失控制"，《第五届三井住友海上西南财大研讨会材料》，2003年12月6日。

③ C F Lim，"马来西亚汽车窃案上升到令人吃惊的程度"，《亚洲保险季刊》，2004年10月，第22页。

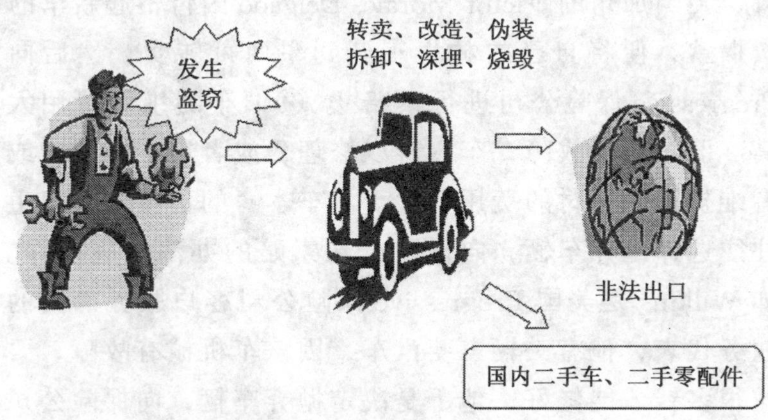

图 2－1　盗抢险欺诈示意图

欺诈涉及的保险车辆最终都要经过转卖、改造、拆卸等手段“消失”掉，仅凭车主一人的力量往往难以实现，需要与汽修厂、二手车贩卖团伙，甚至汽车走私商等进行合作，这使得盗险抢欺诈在一定程度上可能与犯罪集团有关。(2) 单个车主实施的盗抢险欺诈往往与其经济承受能力有关。对消费者来说，拥有一辆汽车既可以为其带来很多的便利，但也要付出诸如贷款本息、保险、养护、维修、停放等车辆保有费用。一旦车辆保有费用超过车主的经济承受能力，车主就有可能铤而走险，实施盗抢险欺诈。车辆保有费用超过车主经济承受能力的情形大体包括两类：①保有新车的费用太高。有的车主是贷款购车，可能因失去工作等原因导致收入锐减，难以承受新车的每月按揭，于是采用转卖、改造等手段将新车处理掉，再向保险公司索赔。如 2004 年 3 月 19

日，美国加州的 Victor Morales Delgado 因付不起新车的按揭款，便将自己的林肯车开到墨西哥转卖，然后向 Progressive 保险公司进行索赔[①]。②旧车的维修费用太高。旧车出现故障，车主难以修理，或者用于修理，或者维护车辆所付的费用要大于汽车本身的价值时，车主往往选择抛弃车辆，向保险公司索赔的办法实施欺诈。如 Wilkins 是美国 Progressive 保险公司客户服务部门的业务代表，他有一辆三菱汽车，因该车机械有故障，要花很多钱才能修好，他于是决定抛弃车辆，向保险公司索赔。(3) 具有一定的国际性。盗抢险欺诈往往涉及非法出口和走私，这使得这类欺诈带有一定的国际性色彩。如美国的盗抢车大多流向墨西哥等南美国家，日本的盗抢车则流向英国、南非、澳大利亚等方向盘靠右的国家。随着我国汽车工业的发展，未来我国的盗抢车辆将会进一步流向周边的落后国家，保险公司和有关部门对此应当予以足够的重视。

四、汽车维修厂[②] 实施的车损险欺诈

随着汽车消费社会化的发展，汽车维修厂不仅为车

---

① The Annual Report to the Governor and the Legislature of the State of New York on the Operations of the Insurance Frauds Prevention Act, Jan 15, 2005.p18.

② 实际上，各类与汽车消费、保险有关的中介组织，如汽车俱乐部、车险代理人等与汽车维修厂一样参与了车损险的欺诈，只不过其程度和规模尚不及汽车维修厂，这里对汽车维修厂欺诈形态的分析也适用于这类中介组织。

主提高优质、快速、高效的汽车维修服务，而且还兼有代客办理索赔的职能，甚至有些地方的汽车修理厂还代理保险公司进行受损车辆的定损工作。汽车修理厂在汽车维修方面所具有的信息优势[①] 和集修理、索赔为一身的特殊功能[②] 使得汽车维修厂成为实施车损险欺诈的一个重要主体。汽车维修厂实施车损险欺诈的主要方式有：(1) 人为制造虚假事故；(2) 利用进厂维修的客户车辆进行欺诈；(3) 与客户联手实施欺诈。

在那些从事旧车收购的汽车修理厂往往存有数辆旧车，这为这些汽车修理厂用旧车人为制造虚假事故，实施欺诈提供了条件[③]。例如，2004 年 2 月，人保财险某公司收到了一起要求就同一台小货车在一个月内分别被四台小轿车碰撞造成的车损索赔的案件，该公司理赔部门立即引起了警觉。在独立调查人的协助下，人保财险发现这四起事故发生时间及受损情况基本一致：均发生在凌晨时间，受损车辆多为使用年限超过 8 年的旧车。比如第一宗案件粤 AJ×××奔驰车，该车是 1996 年 4 月

---

① 这种信息优势主要表现为汽车维修所需要的专业性知识往往是保险公司的理赔人员和客户所没有或难以掌握的，这种信息上的不对称优势为汽车维修厂实施车险欺诈提供了诱因。

② 汽车维修厂所具有的维修和索赔功能确实能为客户带来很多便利，但在笔者看来，这两种功能之间存在着内在的利益冲突，这种制度设计本身是有内在缺陷的。

③ 从 2003 年 6 月至 2004 年 2 月，受雇于同一汽车修理承包人冯勇的吴、张二人，共制造了 5 起假的交通事故，诈骗保险金额 7 万余元。参见洛涛："汽车赔款两成是骗保"，《经济参考报》，2005 年 1 月 18 日。

购买，已使用7年；第二宗案件粤A×××里程车，该车是1994年10月购买，已使用8年；第三宗案件粤AJ×××云豹车，该车是1990年12月购买，已使用12年；第四宗案件粤AJ×××皇冠车，该车是1995年10月购买，已使用8年。四宗案件受损情况都是追尾碰撞，只有小轿车车损，而被撞的小货车不用修理。从材料综合分析，投保人、车主和驾驶司机等人员全部都是白云区××镇人，可以称是老乡关系，有些甚至是某修理厂的人。进一步的调查发现，原来这是一起由汽修厂老板策划，由老板和员工共同实施的虚假事故。在上海市青浦区甚至发生了汽车修理厂采取制造保险事故进行理赔免收修理费的办法来招徕业务的车险欺诈方式①。

发生交通事故以后，客户的车往往要在汽车修理厂呆上一两天，而这正好为汽车维修厂提供了实施车损险欺诈的机会。这时汽车维修厂可以采取的骗保方法包括这样四种②：（1）欺瞒车主"偷梁换柱"。为了图省事，委托维修厂代为向保险公司索赔修理费用，但维修厂接到客户的受损车辆后，用较低档的材料为客户修理，以高档材料的价格向保险公司索赔，这样不同档次的材料费用差价被维修厂"吃掉"。（2）子虚乌有"瞒天过海"。某人的车到修理厂进行正常保养，修理厂将汽车

---

① 见上海市青浦区人民法院刑事判决书，（2005）青刑初字第249号。

② 仝春建："保险公司呼吁：车主切不可当'甩手掌柜'"，《中国保险报》，2004年2月24日。

换上旧配件后，故意损坏向保险公司索赔，更有修理厂“移花接木”更换牌照后，用某人的身份证向保险公司索赔。(3) 二次撞击“暗渡陈仓”。张先生的车门不小心撞凹，他把车送到汽车修理厂，张先生签好索赔委托书后离去。第二天，张先生出外办事回单位时正好经过该厂，却发现他的汽车的车前盖已被人砸得破烂不堪。后来他向保险公司查询，原来该修理厂向保险公司索赔了高达数千元的保险赔款。(4) 重复索赔“以一当十”。李先生的车出险后，代理人分别多次将李先生的车开到保险公司不同支公司进行定损理赔。最终李先生拿走了赔款，但代理人利用李先生的车赚取更多①。

与客户勾结联手实施车损险欺诈是汽车修理厂实施车损险欺诈的另一种常用方式。汽车修理厂与客户的合作主要是在提供虚假的维修发票、修理和制造虚假事故三个方面。为客户提供虚假的维修发票是一种最为简单的合作，一般在一些中小型汽车维修厂都时有发生。在修理方面的合作，通常是客户车辆受损程度较轻，可能处于绝对免赔额以下，在这种情况下汽车修理厂通常可以帮助客户先将有关的零配件卸下来，换上旧零配件，再进行人为碰撞，再将原零配件换回去，这样下来汽车修理费就可以大幅上升，在帮客户获得巨额保险赔付后，汽车修理厂也可以获得一笔不小的好处费。汽车修理厂可以通过派人、派车、自编自导等多种方式帮助客

---

① “车辆出险小心不法分子骗保”，《深圳商报》，2004年2月10日。

户制造事故[1]。

五、车损险欺诈的新趋势

为确保欺诈成功，不法分子往往事先对保险公司的承保、理赔程序作了大量的研究，有时还与保险公司的理赔人员内外勾结，在一个相对短的时间内疯狂骗保，实施系列化的车损险欺诈活动。有些不法分子在数次骗保成功后，往往走上了职业化、集团化犯罪的道路。

人保财险浙江桐乡支公司在2004年2月份，发现徐某冒名顶替实施车险欺诈后，又进一步查出徐某在2003年9月、11月的两次索赔也是欺诈性索赔，揭穿了这起典型的系列化车损险欺诈骗局[2]。1997年8～9月在广州发生的“胡氏兄弟车险诈骗案”，诈骗金额高达183万元，是国内迄今为止侦破的涉案金额最高的车险职业化、集团化诈骗案[3]，其欺诈手法并不高，主要就是伪造诸如“机动车辆出险通知书”、“道路交通事故责任认定书”、“诊断证明书”、“肇事司机的详细事故经过报告”、“残疾证明”等文件，然后由同一人向保险公司索赔，而且对保险人的处理意见总是“言听计从”等。近年来，由于各家保险公司加大了对车险诈骗案的

① 《惊天黑幕：汽修厂车主勾结撞车骗保》，http://www.southen.com/news/gdnews/bestlist03/200112140745.htm

② “桐乡人保查出连续骗保案”，《中国保险报》，2004年2月18日。

③ 严建农等编著：《保险事故人伤医疗核损手册》，湖南科学技术出版社版，第337～339页。

防范力度，车险诈骗的技巧和手法都更为隐蔽。2004年太平洋财险公司处理过这样一起车损险集团化诈骗案，该车悬挂S省车牌，被保险人称该车从S省买来，准备在本地使用。保险期间内，司机李某向保险公司报案，称标的车于当日凌晨5点左右，行驶在高速公路某路段时，由于对面来车灯光晃眼，致使对路面辨别不清，车辆碰撞到公路旁的水泥墩上，发动机受损漏油引发起火，造成车辆燃烧。事故发生后，司机已通知交警部门处理，并已通知消防部门前来扑救，但因火势迅猛，等相关部门赶来时车辆已基本烧毁。后经查实发现，这是一起专门骗取保险赔款的犯罪团伙所为，较之“胡氏兄弟车险诈骗案”，这起保险欺诈集团犯罪具有这样一些新的特点：(1) 这类犯罪集团在全国范围内流窜作案，这样一方面加大了公安部门的侦破难度，另一方面也提高了欺诈的成功率；(2) 其一般以极低价格购得价值在十万元以内的车辆超额保险作为骗赔工具，骗赔金额一般在五六万，一般不会引起保险公司警惕；(3) 事故发生时间一般选择在凌晨或深夜，地点周围比较空旷，很难取得目击旁证。

第二节　汽车责任保险中的欺诈

汽车责任保险是以被保险人依法对他人（第三人或车上人员）的人身或财产损失所负的民事赔偿责任为标

的的一种保险形式。其承保的范围既包括人身伤害(亡)，也包括财产损失。以人保财险为例，汽车责任险的具体险种包括：第三者责任险、车上人员责任险、车上货物责任险和无过失责任险。汽车责任保险的保障范围通常包括医疗费、误工费、护理费和被扶养人生活费等项目，由于这些费用项目的确定需要其他相关部门的配合，而且在数额上具有一定的弹性，这就为机动车交通事故的受害者、医疗机构、公安部门和其他制售虚假证明材料的个人和机构实施保险欺诈提供了便利。

我国早期的汽车责任险欺诈方式主要包括“打时间差”①、使用假公章、假证明诈骗、扩大损失程度等②，这些欺诈方式一般只涉及被保险人单个主体，保险欺诈表现为被保险人单独实施的行为。近年来随着医疗水平的提高和人身损害赔偿制度的改革，汽车责任保险欺诈的主体不再局限于被保险人自身，医疗机构、公安部门和其他制售虚假证明材料的个人和机构也参与到欺诈中来，汽车责任保险欺诈更多地表现为被保险人与多个主体合作实施的行为，并呈现出专业化、系列化和集团化的特征。

① 主要指的是，将未发生在保险期限内的事故通过篡改证明材料等方式“变”成保险事故或者在出险后补办保险。见李玉泉主编：《保险欺诈及其法律对策》，人民法院出版社 1999 年版，第 88～89 页。

② 李玉泉主编：《保险欺诈及其法律对策》，人民法院出版社 1999 年版，第 87～92 页。

一、利用虚假材料实施汽车责任保险欺诈

由于汽车责任保险的保障范围通常包括医疗费、误工费、护理费、被扶养人生活费等项目，被保险人通常采用伪造、变造、虚开、虚增医疗费用发票、医院证明、户口簿、身份证、被扶养人数、伤残级别证明、道路交通事故责任认定书、道路交通事故损害赔偿调解书等证明材料，实施保险欺诈。

例如，在1999年7月15日发生在深圳龙岗平湖的一起交通事故中，事故受害人是一名中学生，因父母在深圳打工，暑假期间来深圳旅游，过马路时不慎被车撞成重伤，经过100多天的抢救，不但保住了性命，而且基本达到临床治愈，康复出院。整个事故车主负全部责任，结案后1个月，车主将有关资料送到保险公司进行索赔，金额高达261198元。后经保险公司调查取证发现，车主提交的索赔材料有两处存在严重虚假的情形：一是所提供的伤残证明完全虚假，车主提供的III级伤残证明，与伤者临床治愈完全不符；二是所提供的年龄、身份证明全部虚假。为扩大赔付金额，车主将伤者的年龄由15岁扩大到21岁，这样伤者就从一名没有劳动能力的中学生“变成”了一名有完全劳动能力的工人；伤者的父亲的实际年龄由39岁“变成”62岁，母亲的年龄则由37岁“变成”57岁，经过这样的“改造”，伤者的父母就由有劳动能力“变成”了无劳动能力的需要赡养的老人；更为严重的是，伤者还凭空多出

一个 13 岁的“弟弟”来，家庭人口也由 3 口人变成 4 口人[①]。

利用虚假材料实施的汽车责任保险欺诈的特点有：(1) 以长途货运车为主；(2) 事发地相对集中；(3) 受害人大多居住在偏远落后地区。长途货运车经常在外地行使，保险公司难以对其运行状态进行有效的监控，同时长途货运车重量大、行驶过程中所可能造成的伤害也大，这些都使得长途货运车成为实施汽车责任保险欺诈的理想车型。近年来随着广东制造业的快速发展，大量外地货运车在广东和本省之间进行长途运输，外加上广东境内部分地区云集了不少制售虚假证明材料的机构和个人，从而使得广东成为发生汽车保险欺诈的相对集中的地区。例如，2003 年中国人保江西省分公司发现，2000 年以来该公司承保的车辆在广东境内的出险频率很高，同时发现在多起赔案中都存在着被保险人以虚假的《道路交通事故责任认定书》、《道路交通事故损害赔偿调解书》实施骗赔的情形。后经该公司理赔部到广东省境内实地调查发现，在吉安分公司涉嫌诈赔的 10 起案件中，发生在广州市的有 5 件，深圳市周边地区的有 4 件；九江分公司查出的 8 起案件中，就有 7 件发生在深圳周边地区；南昌分公司发现的 10 起案件中，有 4 件发生在广州市周边地区。有些车主发现受害人是居住

① 严建农等编著：《保险事故人伤医疗核损手册》，湖南科学技术出版社 2003 年版，第 287～289 页。

在偏远地区的，就顿生以虚假证明材料骗取保险赔偿的念头，因为在车主看来，保险公司一般不会去偏远地区实地调查取证，而且偏远地区的证明材料也好伪造（取得）。在那些人为制造的保险事故中，出于同样的原因，“受害人”也被“导演”成偏远地区的居民。

二、被保险人与医疗机构联合实施欺诈

在道路交通事故人伤[①]案件中，被机动车撞伤的第三者往往要在医院接受治疗，在治疗期间患者可能主动要求医院出具虚假发票，医院也可能主动为患者多开药、超标开药、多做一些不必要的治疗，患者还有可能与医院合谋，故意采取少报（虚增）受伤人数、“小病大养”、“一人患病，全家开药”等方法实施保险欺诈。重庆某客运公司的一辆小客车的核定载客人数是18人，其实际载客人数是28人，该车投保的司机、乘客座位责任险是每位保险金额2万元，依保险条款规定，在客车出险时发生超载的情况下保险公司按比例赔付。该车出险后，客运公司在向保险公司索赔时报告的伤亡人数是14人，除一死者外，其余13名乘客的医疗费均在0.8～1.6万元之间。在这起保险欺诈中，客运公司采取的是少报人数，转移医疗费的做法，即客运公司要求医院将28人的医疗费分摊到14人身上，同时还要求医

① 吴练海：“机动车第三者责任损害赔偿问题多”，《中国保险报》，1998年4月3日。

院将重伤者的医疗费转移到轻伤者身上[①]。

三、编造虚假事故实施欺诈

2003年3月6日，被保险人曾某向某保险公司就第三者责任险提出索赔。曾某述说，2003年1月3日，在东莞市某镇解放西路段由其本人驾驶的粤Y.C××××号车撞伤骑自行车的陈某，遂将其送入东莞市某医院治疗，索赔医疗费用41227.41元及其他经济赔偿费46110.65元，共87338.06元；并提供了索赔所需的证明——东莞市某医院的诊断证明书、收费单据、医疗账目清单和交警大队交通事故责任认定书、调解书、赔偿清单等。某保险公司委托某保险公估机构对本案实施调查，公估机构的调查发现：(1) 事故的经过和材料都是编造的；(2) 所有的文书都是经电脑设计打印的；(3) 索赔的手续完备，对保险理赔业务熟悉，不是一般人能做到的。事隔几日，该公估机构又有新发现，该案犯在江门鹤山某保险公司也在办理索赔手续。经进一步调查核实，作案手法与上述案件的手法一样。后该公估机构将案件的调查材料提交公安部门，2003年6月4日，公安机关在南海市小塘镇将嫌疑人曾某抓获归案，并在其家中搜出伪造各类型的印章近80枚。后经公安机关审讯得知，曾某曾在某保险公司工作，十分熟悉保

---

① 严建农等编著：《保险事故人伤医疗核损手册》，湖南科学技术出版社2003年版，第296页。

险公司的业务流程和运作，自2001年至2002年间，多次利用手中保险客户资料，编造假的交通事故向某保险公司索赔案件10多宗，骗取金额总值40多万元。

四、汽车责任保险欺诈的集团化趋势

近年来，不仅车损险的欺诈具有集团化的趋势，而且汽车责任险欺诈的集团化趋势也很明显。图2-2是汽车保险欺诈集团化的示意图。图中列出了常见的和欺诈集团主犯共同实施欺诈的四个主体：即汽车修理厂、医疗机构、警察、中介机构和虚假材料制售机构。最为简单的保险欺诈集团就是欺诈集团主犯分别和这四类主体联合，如欺诈集团主犯和汽车修理厂的联合就可以实施车损险的欺诈；同样欺诈集团主犯和医疗机构的联合就可以实施汽车责任保险的欺诈；欺诈集团主犯与警察、虚假材料制售机构的联合可以很方便地实施车损

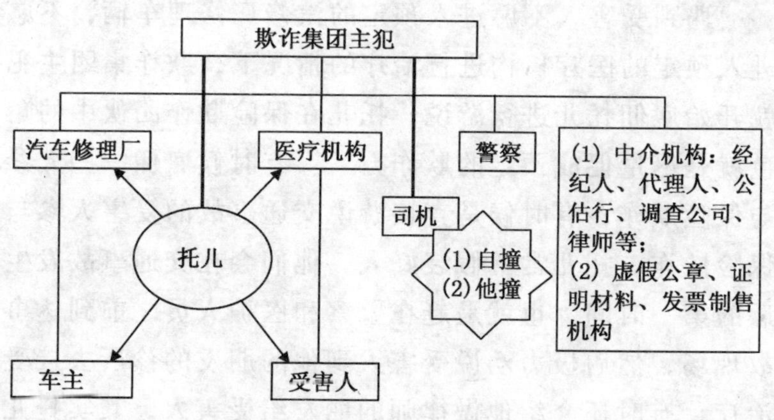

图2-2　汽车保险欺诈集团化示意图

险、责任险方面的欺诈。稍微复杂一点的集团化欺诈需要四个主体中的两个以上的主体进行联合，如果欺诈集团主犯能控制汽车修理厂、医疗机构和警察，那么对这个集团来说，实施保险欺诈就变得十分容易和便捷。更为复杂的集团化欺诈是欺诈集团主犯雇来司机和托儿，外加前四个主体中的多个主体。受雇来的司机的任务是实施两种类型的碰撞，一是自撞，即两个受雇司机相互碰撞，人为制造虚假道路交通事故，请受欺诈集团主犯控制的警察来作现场处理，再到受欺诈集团主犯控制的汽车修理厂进行所谓的“修理”，再由集团内的医生负责看“病”，最后由集团内的律师负责索赔。二是他撞，这种情况下受雇司机往往事先锁定高档车和某些特定的路段蓄意制造交通事故，然后再依照集团内部的分工，分别由警察、汽车修理厂、医疗机构、律师等逐一登场，进行保险诈骗。

遇到受害人不愿进入预定的汽修厂修理车辆，不愿进入预定的医疗机构进行治疗的情况下，欺诈集团主犯就开始雇佣托儿进行游说。托儿在保险欺诈团伙中的角色就是尽量促成预定的欺诈方案：有时候雇佣一些人参与保险欺诈；有时候是直接游说交通事故的受害人参与保险欺诈。托儿常常假装好人，他们会在交通事故发生后的第一时间，也就是赶在警察和医护人员之前到达事故现场，然后极力劝说受害人到他的朋友的诊所去接受治疗，有时还介绍他做律师的朋友给受害人，其实托儿在这里介绍的所谓诊所、律师朋友都是保险欺诈团伙的成员，不少受害者就这样糊里糊涂地被托儿引入了事先设定的保险欺诈圈套。有些托儿还在医疗机构的候诊室活动，游说那些受害者。托儿可以从每起欺诈案件中获得3000美元的好处费①。

第三节　汽车消费信用保证保险中的欺诈

汽车消费信用保证保险（简称车贷险）指的是以购车人为投保人，贷款银行为被保险人，由保险人签发的一种消费信用保证保险。保险人在车贷险中承诺在投保人未如期归还贷款银行本息时，由其承担向贷款银行支付贷款本息的义务。车贷险业务于1998年在我国推出，在2001年、2002年取得了迅猛发展，2003年中各家公司陆续开始停办此项业务，2004年4月1日部分公司向市场再度推出第二代车贷险，但基层保险公司对此项业务的开展极为谨慎。到2003年底我国个人汽车消费信贷余额达945亿元多元②，据不完全估计其中大约有1/3属于欺诈性质。据笔者对车贷险业务的梳理，车贷险欺诈的形态主要包括以下三类。

① Bernie Bourdeau, the Runners' Game, *Insurance Advocate*, April 25, 2005.

② 梁平、郭曦："论汽车消费信贷保证保险中共赢关系的构建"，《特区经济》，2005年第7期，第337～338页。

一、投保人使用虚假材料实施的欺诈

使用虚假材料是车贷险欺诈的主要形式。可供使用的虚假材料包括：虚假身份证、虚假收入情况、虚假联系方式、虚假住址、虚假房产资料等。投保人提供上述虚假材料，再按照正常的业务流程向保险公司提出投保车贷险的申请。如图 2－3 中包含银行、保险公司和客户三方的三角形所示，先由客户向银行提出贷款购车申请，银行要求客户提供相应的担保或购买车贷险；客户利用虚假的材料向保险公司申请购买车贷险，在保险公司签发以客户为投保人，以银行为被保险人的车贷险后，银行向客户发放贷款。按照车贷险的合同条款规定，在客户没有如期归还银行贷款本息的情况下，保险公司负有代客户归还贷款本息的义务，也就是说，保险公司对银行的汽车消费贷款行为提供了保险保证支持。

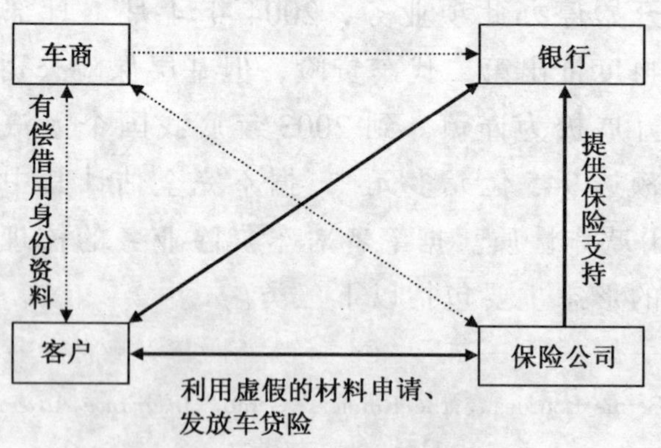

图 2－3　车贷险交易流程图

在实践中，投保人提供虚假材料实施车贷险欺诈的方式主要有：(1) 空车套贷。在这种情况下，投保人根本没有买车，申请车贷险无非是为套取银行贷款的一种手段，其目的是非法占有银行贷款。(2) 虚增车价套贷。即投保人与车商协商好，用高开的车价作为申请车贷险的依据，贷款金额要远远大于实际的购车价款，以套取银行的贷款。与空车套贷情形下，投保人根本没有买车不同的是，在虚增车价套贷的情形下，投保人确实是买了车，只不过买的不是申请材料上所标明的高价车，而是中低价车。(3) 实车套贷。即投保人利用虚假的材料确实按照申请材料上列明的车价购买了汽车，但故意拖欠不愿意到期支付银行按揭贷款，有意达到非法占有银行贷款的目的。

二、不法汽车经销商实施的欺诈

车贷险是在我国信用体现缺失，银行、保险公司的管理水平不高的背景下推出的，不法汽车经销商（车商）正是看到车贷险所固有的缺陷而实施诈骗的。图2-3中的三条虚线基本可以勾勒出不法车商在车贷险欺诈中的作用。首先非法车商通过借用客户身份资料编造虚假材料，然后以这些虚假的客户资料联系保险公司购买车贷险，最后再以客户的名义向银行申请贷款。不法车商在车贷险欺诈中扮演的角色包括组织、策划和推动等，具体表现为：不法车商通过有偿借用客户身份资料（如每人次500元）和员工身份资料，编造虚假客户资料进行车贷险欺诈；通过向客户宣传，引导、帮助、协助客户，或者将不同客户组成团队实施车贷险欺诈；通过与银行工作人员、保险公司工作人员联手实施车贷险欺诈等。在实践中，不法车商进行车贷险欺诈的目的主要有两类：一是用骗取的贷款用作流动资金或者扩大生产经营；二是将欺诈来的贷款用于挥霍、消费等。

三、车贷险欺诈具有一定的团伙犯罪属性

不仅投保人可以实施车贷险欺诈，而且不法车主也可以实施欺诈，在实践中这两类主体外加保险公司的内部工作人员、担保人等四类主体可以组合进行车贷险的欺诈，这使得车贷险欺诈具有一定的团伙犯罪属性。如在深圳发生的以宗清林为首的车贷险犯罪团伙在短短的两年多时间里，就与车商联手，利用1000多张虚假身份证明和其他材料成功实施了近千起车贷险欺诈。从理论上讲，上述四类主体常见的组合包括：车商与客户、车商与保险公司内部人员、客户与保险公司内部人员及车商、客户与担保人等。

第四节　其他类型的汽车保险欺诈

前述的车损险、责任险和车贷险中的欺诈形态分析是基于对汽车保险险种的分析，其分析是从客户、保险中介及其他相关主体对保险公司实施欺诈的角度展开

的。实践中确实也存在着保险公司、保险中介机构对客户的欺诈。一般而言，保险公司、保险中介机构对客户的欺诈主要包括三种类型：销售欺诈、经由保险中介机构实施的欺诈、保险经纪公司与保险公司联手实施的欺诈等。销售欺诈指的是保险公司、保险中介机构在保单销售过程中对客户所做的虚假宣传和难以实现的承诺。这类欺诈在寿险产品和具有投资连接功能的产品销售中比较常见，在车险领域并不多见，故在此不作讨论。下面将就经由保险中介机构实施的欺诈、保险经纪公司与保险公司联手实施的欺诈这两类欺诈形态进行简要分析。

一、经由保险中介机构实施的欺诈

这类欺诈主要包括两种情况：通过设立保险中介机构进行诈骗和假中介诈骗。家住上海青浦的郑某和莫某，用从不法途径中得来的他人的身份资料注册了一家汽车保险代理公司，以高额的回扣为诱饵，向汽车销售公司兜售保险。在高利润的驱使下，多家汽车销售公司纷纷上钩，而莫某等人则将保险金全部划归自己所有，案发后他们又销毁一切凭据，遣散了员工，卷走了所有资金。在 2001 年至 2004 年间，香港有 11 名男女通过设立持牌保险经纪公司的方式实施包括车险在内的保险欺诈。这些持牌保险经纪公司的主要业务就是介绍客户向数家著名的保险公司投保，再由保险公司向这些持牌保险经纪公司支付一次性佣金，金额由每年保费的

100%至138%不等。保险公司和这些持牌保险经纪公司间的合约规定，如果客户在购买保险后12至19个月内停供每月保费，有关经纪公司便须退回或“回吐”佣金。在这期间通过这些持牌保险经纪公司介绍的新“客户”超过1万人，而支付的佣金达1.66亿港元。从2003年以来，这些客户停供保费的比例开始上升，这使得这些持牌保险经纪公司须向保险公司支付的“回吐”佣金大增。2004年6月至9月期间，这些持牌保险经纪公司开始相继倒闭，结果，这些持牌保险经纪公司拖欠保险公司的“回吐”费竟达4800万港元①。保险中介机构有时还采用销售虚假的车辆保险凭证等方式进行诈骗。2004年9月，美国纽约州保险部的反欺诈部门和消费者保护局、州警察局、汽车部实施的联合调查发现，有保险代理人私自印发虚假的汽车保险凭证，然后将保费中饱私囊②。2005年5月，幸某、陈某在广州大量伪造太平洋保险公司“任我行”交通工具意外伤害险保单，并在互联网上建立仿冒网站进行销售，这是国内发现的第一起伪造保单和在网上进行虚假保单销售的车险欺诈案例③。假保险中介诈骗就是没有注册成立

① 《香港警方破获集团式骗保案》，2004年11月26日，http://iasx.cisc.cn/Content.aspx? Cid=13022

② The Annual Report to the Governor and the Legislature of the State of New York on the Operations of the Insurance Frauds Prevention Act, Jan 15, 2005.p20.

③ 杨帆、段湘林：“保险欺诈：一个沉重的话题”，《中国保险报》，2005年7月1日。

保险中介机构而以保险中介机构的身份所从事的非法销售汽车保险，骗取保险金的行为。因这类保险中介机构并没有合法成立，这类假保险中介诈骗属于一种典型的违法、犯罪活动。

二、保险经纪公司和保险公司联手实施的欺诈

从理论上讲，保险经纪公司是代表客户利益，在保险公司间询价以便为客户确定最佳保险方案的保险中介组织，保险经纪公司与客户的利益是高度一致的。然而在实践中，由于保险经纪公司拥有客户所不具备的某些信息优势，这使得保险经纪公司可以通过向保险公司“分配”客户在正常佣金以外索取高额回报，为使得这种客户“分配”方式取得成功，保险经纪公司往往要求保险公司予以协助或者联手实施欺诈。2004 年 10 月发生在美国的达信事件向人们昭示了保险经纪公司和保险公司是如何合谋实施客户欺诈的①。根据纽约州总检察官、司法部长斯皮策·艾里奥特（Eliot Spitzer）的调查，排名世界第一的达信保险经纪公司（Mash & McLennan Companies），在依照市场惯例向客户收取 10％的手

① 2005 年 11 月 15 日，达信美国公司（Marsh USA）又被俄勒冈州消费者和商业服务部罚款 7.5 万美元，起因是向 22 家公共企业多收保费，仅在 1999 年到 2004 年达信美国公司就向该州的 15 家公共企业多收保费 26 万美元，State fines Marsh USA $75000 for over billing public clients, November 15, 2005.

http: //www.cbs.state.or.us/ins/docs/news _ release/2005/mrmarsh - mclennan.pdf

续费后，又额外要求保险公司支付所谓的盈利手续费(contingent commissions)。盈利手续费经由业务安排协议（Placement Service Agreements，PSAs）或市场服务协议（Market Service Agreements，MSAs）支付给保险经纪公司的一笔额外费用。达信保险经纪公司将市场服务协议称之为“按照经纪公司向保险人提供的价值所支付费用的协议”，其实保险经纪公司并没有向保险公司提供协议中所规定的价值，而只是保险公司对经纪公司向其“分配”客户的一种回报。

斯皮策·艾里奥特的调查证实了在美国现有的保险经纪模式中普遍存在着经纪公司与保险公司联手欺诈客户的情况。调查显示：收取盈利手续费在包括车险业务在内的所有保险经纪业务中特别普遍，像达信这样的公司甚至设立了专门的部门，从事有关盈利手续费的谈判、收取和派发工作（如图 2－4 所示)。2003 年达信收取的盈利手续费就高达 8.45 亿美元。小的保险经纪公司也与保险公司签订了有关盈利手续费的协议，大的保险公司几乎都与经纪公司有这类协议。斯皮策·艾里奥特在美国国会作证时指出，保险经纪公司与保险公司联手实施的欺诈有两个弊端：一是保险消费者没有得到他所需要的保险保障；二是在经纪人和保险公司之间形成了一个事实上的卡特尔，这对美国保险市场的公平竞争造成了妨碍。达信事件还暴露出保险经纪公司在从事经纪业务时客观存在的利益冲突：一方面经纪公司代表客户的利益，另一方面经纪公司可以有效控制客户向其

所推荐的保险公司流动。正因为经纪公司所具有的这种有效控制客户的能力，使得经纪公司可以将客户控制到与它签约的保险公司去，而这个签约的保险公司可能并不是能真正能为客户提供最佳保险保障的公司。在这里，客户的利益与经纪公司的利益发生了冲突，经纪公司选择了保护自己的利益而牺牲了客户的利益[①]。

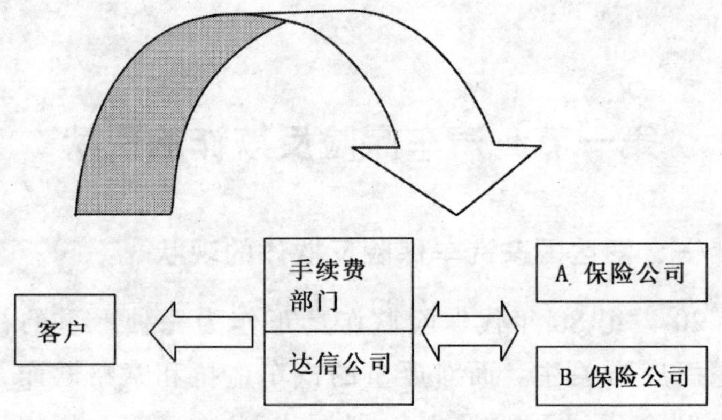

图 2-4　保险经纪公司与保险公司联手欺诈客户

① State of New York Attorney General Eliot Spitzer, Testimony, United States Senate, Committee on Governmental Affairs, Subcommittee on Financial Management, *the Budget and International Security*, Nov.16, 2004.

第三部分

汽车保险反欺诈的现状和存在的问题

第一节 汽车保险反欺诈的现状

一、发达国家汽车保险反欺诈的现状

20 世纪 80 年代保险欺诈真正作为一种严重的社会问题而广为关注。面对严重的汽车盗抢和索赔欺诈，美国的保险公司开始设立特别调查科（Special Investigation Unit，SIU）；在同期的加拿大，随着国民大众对健康险欺诈认识的提高，健康险领域的反欺诈开始逐步展开；同时保险欺诈在英国也泛滥成灾，在旅行、汽车、家财、企财等领域欺诈盛行，迫切需要全行业乃至全社会的共同治理。在 20 世纪 80 年代末，美国、加拿大、英国、澳大利亚、新西兰及西班牙等工业化国家纷纷采取不同的措施对保险欺诈进行反击。经过二十多年持续不断的反保险欺诈，发达国家逐步发展出自己的反保险欺诈文化，制定并通过了相应的立法，形成了以保险公司为主体、包含政府部门、行业性组织和消费者等在内

的防范保险欺诈的组织体系，总结出了包括可疑指标法、信息数据库查询、交叉检查法、内部审计等方法体系，并取得了积极的成效。以下将主要以美国为例，从文化、立法、组织体系、方法体系和成效五个方面对发达国家车险反欺诈的现状进行总结和归纳。

1. 车险反欺诈已经成为保险公司经营文化的重要组成部分。经过二十多年的实践，反车险欺诈不仅成为保险公司经营中不可或缺的一个重要方面，而且已经成为保险公司经营文化的重要组成部分，这包括以下三个方面的涵义。(1) 反车险欺诈是保险公司风险管理的重要内容。从本质上讲，保险公司从事的是风险管理活动，识别、计量和控制好各项风险是保险公司的基本职责。车险既是非寿险公司的主要业务险种，又是最容易遭受欺诈的险种之一，因而车险欺诈的防范是非寿险公司风险管理的重要内容。(2) 反车险欺诈已经成为保险公司内部控制制度的重要组成部分。从构成上看，内部控制主要包括控制环境、风险评估机制、控制活动和信息与沟通四个方面，其中控制环境又包括公司的文化和管理风格等因素，是确定企业内部控制基调的关键因素。一方面反车险欺诈作为一种经营文化，已经融入了企业内部控制文化（internal control culture）[①] 之中，成

① 国际保险监管官协会（IAIS）保险核心原则（ICP10.2）内部控制中要求董事会负责在公司内部形成一种非常强的内部控制文化（It is the responsibility of the board of directors to develop a strong internal control culture）。

为内部控制环境中的一个重要的因素；另一方面反车险欺诈作为一项重要的经营管理制度，也成为保险公司内部控制制度的重要组成部分。(3) 反车险欺诈也成为保险公司加强客户关系管理，体现社会责任的一项重要措施。保险公司通过对车险欺诈的反击和客户教育，向客户传递了诸如保险欺诈是犯罪，广大无辜的消费者是保险欺诈的最终受害者等新的观念；通过对重大、恶性车险欺诈案件的公开披露和有力打击，对遏制车险欺诈有一定的积极作用，更为重要的是向社会公众表明了保险公司有责任、有能力打击车险欺诈，这对改变人们对保险公司的错误偏见和提升保险公司的公众形象有着十分重要的意义。

2. 发达国家已经在保险欺诈方面制定了较为完善的法制体系，反保险欺诈已经实现了法治化。在美国，包括车险欺诈在内的保险欺诈不仅被视为一项严重的对受害人利益的侵犯行为，而且还被视为严重的犯罪行为。正是基于这样的考虑，立法机构通过了众多的法案对车（保）险欺诈予以规范，反保险欺诈业已进入法治化的轨道。比较常见的法案有：《反保险欺诈法》（Insurance Antifraud Act）、《保险欺诈局法》（Insurance Fraud Bureau Act）、《车险承保前检查法》（Auto Pre-inspection Act）、《特别调查科法/条例》（Special Investigation Unit Act/Regulation）等。

由于美国的保险业采用的是州监管模式，各州在有关保险反欺诈方面的立法不尽相同，以下我们将以加利福尼亚州为例，说明该州保险反欺诈立法的结构和主要内容。加利福尼亚州对保险业的规范主要是经由《保险法典》（the California Insurance Code）来完成的，在该法典中与保险反欺诈直接有关的法案有：保险保密法（Insurance Privacy Act）、州保险欺诈局法（Fraud Bureau Act）、汽车欺诈法又叫汽车盗抢和汽车保险欺诈报告法（Motor Vehicle Fraud or the Motor Vehicle Theft and Motor Vehicle Insurance Fraud Reporting Act）、保险理赔分析局法（Insurance Claims Analysis Bureaus Act）、保险欺诈调查法（Insurer Fraud Investigation Act）、汽车理赔信息储存法（Deposit of Automobile Claims Information Act）、保险欺诈防范法（Insurance Fraud Prevention Act）；与保险反欺诈间接有关的法案有：公正理赔法（Fair Claims Handling Act）、纵火获利法（Arson for profit Act）、保险理算人法（Insurance Adjusters Act）等。经由上述法案，对保单上的欺诈警示语（fraud warning）、特别调查科（SIU）、保险公司的反欺诈计划（fraud plan）、强制报告义务（mandatory reporting）、年度报告（annual reporting）、保险欺诈局（fraud bureau）、保险理赔数据分析（claims information analyses）、受害车辆检查要求（vehicle inspection requirements）、民事责任豁免（immunity）等与保险反欺诈有关的内容进行了规定。

表 3－1 选取了美国部分有代表性的州的有关保险反欺诈的立法情况，从表中可以看出，虽然各州在有关

表 3-1　美国部分州的保险反欺诈立法要求对比[①]

项　目	阿拉斯加	加州	佛罗里达	新泽西	纽约	北卡	宾州
欺诈警示语	M	M	S	S	S/bc		M
强制报告	√	√	√	√	√	√	√
SIU 要求		√	√	√	√		
年度报告		√	√	√	√		√
承保前的车辆检查		√	√	√	√		
反欺诈计划		√	√	√	√		√
受害车辆检查要求		√	√				
民事责任豁免		√	√	√	√	√	√

M：要求保单上的欺诈警示语不得偏离法律规定；

S：保单上的欺诈警示语只需要与法规的语言具有相似性即可；

Bc：欺诈警示语要求印制在保单的背面。

保险反欺诈立法中存在着很大的不同（如阿拉斯加和纽约），但在欺诈警示语和强制报告制度两个方面则是完全一致的。即要求在保单的显著位置印上诸如："任何有意识地提出虚假的或欺诈性的索赔都是犯罪行为，可能会受到罚款或监禁的处罚。"[②] 绝大多数州都对 SIU、反欺诈计划、承保前的车辆检查等事项做了强制性的规定，几乎每一个州都对反击保险欺诈的保险公司予以民事法律责任的豁免。因为保险合同是建立在最大诚信原则基础上的，该原则的要求是相互的，即不仅要求投保

① 根据 Coalition Against Insurance Fraud，State Requirements for Anti-fraud Activities，August 2003 整理。

② California Insurance Code-Sec.1871.2，Language is mandatory.

人在投保时对保险人负有披露义务，而且保险人在理赔时也负有公正理赔（fair claims handling）的义务，保险人一旦违反该项义务，被保险人有权提起恶意侵权之诉（bad faith tort action），要求保险人承担赔偿责任。如果保险人发现一起赔案有疑点，按照反保险欺诈法的规定，该保险人负有向主管机关报告的法定义务，保险人的报告行为和后期的调查取证行为，可能构成对保险人保密义务、最大诚信义务的违反，为了鼓励保险人从事反保险欺诈活动，各州的法律对保险人的正常反欺诈活动予以民事法律责任的豁免[①]。

3. 形成了以保险公司为主体，包含政府部门、行业性组织和消费者等在内的防范保险欺诈的组织体系。按照美国多数州的法律规定，保险公司必须建立起自己的内设机构——特别调查科 SIU，作为反保险欺诈的常设专门机构。法律还要求保险公司建立自己的反欺诈计划，该计划必须得到监管部门的批准。在州的保险部内设立反保险欺诈局（the Fraud Bureau），专门负责对各保险公司反欺诈工作的指导、对重大欺诈案件的调查和消费者教育等事务，并将涉嫌犯罪的欺诈案件移送检察机关进行审查起诉。鉴于车险欺诈的猖獗，在反保险欺诈局里一般设有车险调查科（Unit），每个科设一名助理调查员（associate investigator），整个反保险欺诈局设

① 参见，NAIC Model Immunity Act，Section2 ：Immunity from Liability.

一名首席调查员（chief investigator），另设一名主调查员（principal investigator）协助首席调查员工作。反保险欺诈局在州府所在地设总部，另在一些城市设立分部，在工作时经常与其他相关政府部门如检察机关和其他预防犯罪的机构开展合作，共同打击保险欺诈。

行业性组织不仅仅包括保险行业协会这类机构，更多的则是像反保险欺诈联盟这样的机构，还有像保险服务局（ISO[①]）这样的行业性机构[②]。保险行业协会的职责是在全行业推广和采用相同或近似的反欺诈标准，成立于1993年的反保险欺诈联盟是由消费者组织、保险公司和执法部门等机构组成的反保险欺诈的行业性组织，该组织的作用主要体现在：推动和促进了一些有关反欺诈的立法；对公众进行反欺诈教育；充当行业欺诈数据储存、交换中心的作用。从1971年以来，保险服务局一直是美国财产险和责任险领域的信息的主要提供者，其在遏制保险欺诈方面的主要成就是设立了保险服务局理赔系统（ISO ClaimSearch），该系统目前是美国最大、最全面的综合保险理赔数据系统，通过二万多个

① www.iso.com

② 英国建立了一系列的汽车保险信息数据系统，如在1987年建立的MIAFTR，1995年的CUE（claims and underwriting exchange），2000年的汽车保险人信息中心，（MICC：the Motor Insurers' Information Centre），有关信息请参考其网站：www.micc.gov.uk，有关材料可以参考：Motor Insurance，the Chartered Insurance Institute，1998.7/27－29页的叙述。

终端与保险公司连接，每天有数以十万条的理赔记录被输入系统，可以为保险公司提供适时的理赔数据查询，从而有力地打击了保险欺诈行为。通过教育，消费者团体和个人会自觉采取抵制保险欺诈的做法，同时也会向保险公司、保险监管部门提供有关反欺诈案件的线索和信息。

4. 发达国家已经逐步形成了一套反车险欺诈的方法体系。常见的反车险欺诈方法包括现场查勘、信息数据库查询、医疗费用审核、特别调查科专门调查、关键指标法、带保证的当事人陈述、交通事故处理意见书、独立医疗机构检查等，特殊的反车险欺诈方法包括：对事故进行碰撞实验、与其他部门联手对欺诈集团进行查处等。另外，发达国家保险公司对遏制车险欺诈的一些基础性管理也十分重视，例如，在日本，通过系列性的、终身性的承保、理赔人员资格考试和相互学习，保险公司的风险识别和管理水平大为提高；日本的保险公司还通过对医疗费用的数量化、标准化，将医疗费用精确到“点”，通过每个点 10 日元的方法进行精细化管理，这对遏制车险欺诈有着极好的作用。

5. 发达国家经过努力，其反车险欺诈取得了一定的成效。通过立法支持，发达国家在反保险欺诈方面形成了相对严密的组织体系和方法体系，并取得了一定的成效。以纽约州为例，该州的车险费率一直仅次于新泽西州居全美第二，但从 2005 年开始纽约州的车险费率开始下降，平均降价幅度为 6%。Allstate 保险公司是纽约州最大的汽车保险公司，作为积极推进保险反欺诈和促进理赔流程优化的成果，该公司与其他8家保险公司宣布平均降低3%的保费，其下属的Allstate Indemnity Company则将保费下调5%[①]。Metlife Auto & Home，Geico，State Farm，Progressive Northeastern保险公司都已经宣布了4%～9%不等的保费下调幅度[②]。纽约州保险部的部长Gregory Serio将2005年车险费率的下降归功于近年来纽约州行之有效的反欺诈活动，将之称为反欺诈红利（anti－fraud dividend）。2004年纽约州保险反欺诈局收到的有关车险欺诈的投诉就达19580起，在2002年这个数字只有3811起，因保险欺诈而遭逮捕的人数则达到815人的历史新高（见图3－1）。2002年每一美元的保费收入中有86美分用于赔付，这个数字到2004年6月份，下降到61美分。2001年纽约州的州长George Pataki就在州检察官办公室设立了专门的反汽车保险欺诈处。2003年纽约州保险部颁布了新的规则，加强了对汽车保险欺诈的处罚力度。新规则将提交无过错责任保险理赔的期间从90天缩短到30天，对人伤案件的理赔时间也从180天缩短到45天。同时，州保险部还与占该州汽车保险市场份额2/3的保险公司签定了合同，要求这些公司把汽车保险费用下降的好处以保费下降的形式转移给消费者。

---

① Allstate to Cut Rates，*Insurance Advocate*，May 9，2005.

② Anti－fraud Dividend，*the Journal News*，Jan 01.2005.

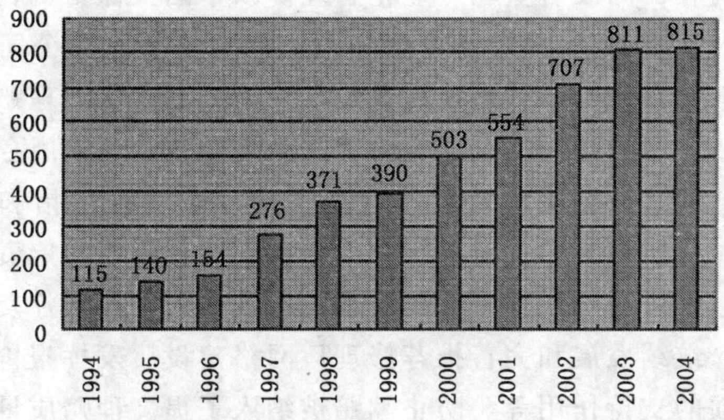

图 3-1　纽约州保险反欺诈局近 10 年来逮捕的人数

二、我国汽车保险反欺诈的现状

由于发达国家高度重视保险反欺诈立法工作，反车险欺诈已成为保险公司经营文化的一个重要组成部分，并形成了一套反保险欺诈的组织、方法体系，与此不同的是，我国反车险欺诈还处于一个起始阶段。这主要表现在：从立法层面上来看，我国迄今还没有制定专门的反保险欺诈法律、法规的计划；保险监管部门尚没有设立专门的反欺诈机构的中长期规划；只有少数保险公司在加强车险理赔质量管理的工作中，对有关打击车险骗赔、压缩人伤事故医疗费中的水分等问题有所涉及；个别保险公司的个别分支机构对车险骗赔设有专门的机构进行调查。下面将着重从保险公司的经营层面对我国车险反欺诈的现状进行分析。

1. 车险反欺诈工作被视为车险理赔质量管理的一项内容，尚没有实现专业化管理。以中国人保为例，在2005年初的全国分公司总经理工作会议上，总公司决定在全系统开展“理赔质量年”活动，其中将“理赔质量年”中的理赔质量界定为理赔处理质量、理赔服务质量、理赔数据质量及其与之相关的理赔管理举措和指标。在所列举的关键举措中主要有：防止骗赔和定责失准、推进车险定损专业化管理、遏制伤人案件医疗费水分、继续发展和完善推荐修理厂网络建设、发挥报价对定损的支持作用等。防止骗赔被纳入了提高理赔质量的一个环节，主要采取定损专业化、建立医疗费审核、搞好汽车修理厂和报价系统建设等措施来加以保证。中国人保厦门、深圳分公司和现阶段的某些新兴保险公司在实施ISO9000质量管理系统中也曾经对车险欺诈问题在提高质量管理中有所涉及。

2. 个别公司的个别分支机构建立了相对完善的反车险欺诈机构。据笔者了解，中国人保深圳分公司理赔中心设有国内非寿险公司中惟一的专业化的车险反欺诈机构。早在1997年中国人保深圳分公司的领导就认识到对一些疑难案件应当先行进行专门调查的重要性，率先在系统内设立了疑难案件调查科，对车险理赔和担保卡业务中的疑难案件进行调查，同时还负责机动车盗抢案件的处理和车险赔案的追偿工作。2003年中国人保深圳分公司又对特别调查科进行了重组，分设特别调查岗、医疗费用审核岗和全车盗抢调查岗，分别处理车险

疑难案件、担保卡及其他人身损害、全车盗抢案件的查处。深圳人保车险反欺诈的工作涉及到疑难案件调查、医疗费用审核和全车盗抢三个部分，基本涵盖了车险业务的主要方面，是国内目前最为完善的车险反欺诈机构。

3. 在反车险欺诈方法上，初步形成了调查人、独立调查人、医疗费用审核、集中定损、定损复核、理赔审计（claims auditing）和信息技术平台等方法。调查人是隶属于保险公司内部的专门负责疑难案件调查的专业人员，如在中国人保深圳分公司特别调查岗工作的员工、太平洋财险公司设立的内部保险调查人等[①]。独立调查人一般是独立于保险人和被保险人的专业性调查机构与保险公估机构等。医疗费用审核一般由理赔部门设立的有医疗专业知识背景的人员负责对客户的医疗费用的性质、金额进行审核，保险人仅就审核后的费用进行赔付。集中定损属于业务流程优化的范畴，是指通过将事故车辆统一交保险公司设立的定损中心进行定损。定损中心主要提供快速定损和拆检定损两项服务，其流程分别如图 3－2 和图 3－3 所示[②]。集中定损既有各公司分别实施的，也有保险公司联合实施的，后者如 2004 年 6 月厦门公安交警支队和厦门市保险行业协会联合了

① “太平洋产险加大保险调查人制度建设”，《金融时报》，2004 年 9 月 29 日。

② 姚瑜：“新定损模式理赔流程指引”，《深圳人民保险》，2004 年 7～8月号，第 54 页。

图 3－2　快速定损流程

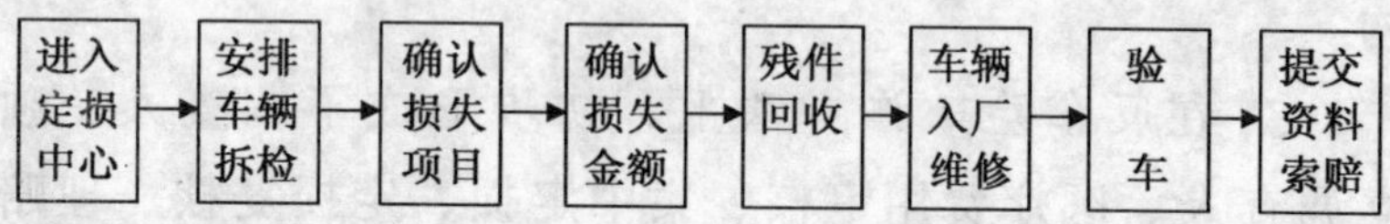

图 3－3　拆检定损流程

启动 4 家财产保险公司共同运作的“保险事故车辆拆检定损中心”①。定损复核是在理赔部门成立的专门复查小组，对定损员已经定损尚未批准的案件进行复查核实的做法。理赔审计是 2004 年中国平安集团引入的，在车险理赔方面中国平安财险建立了车险理赔品质监督制度以及审计月度报告制度，全面跟踪、监控各机构的车险理赔品质状况，并根据审计情况，查处违规违纪责任人。2004 年 3 月，北京市保险行业协会启动了“车险信息库共享平台”，采用信息技术的手段遏制车险欺诈。

4. 一些保险公司通过积极努力，在车险反欺诈方面取得了一定的成效。中国人保深圳分公司调查岗 2004 年共完成 660 起案件的调查工作，平均每月完成调查 60 起，拒赔了 123 起赔案，为公司挽回经济损失 680 多万元，比 2003 年增长 80%；在全车盗抢调查方

① 罗建平：“厦门启动事故车辆拆检定损中心”，《中国保险报》，2004 年 6 月 8 日。

面，共完成 336 起案件的调查工作，拒赔 64 起，配合公安机关追回被盗车辆 141 辆，挽回经济损失 464 万元；同时全车盗抢调查岗还对 9 月份之前出险但没有赔付的案件进行了重新审核，发现可以拒赔的有 20 起，金额达 135 万元，截至 2004 年 12 月 12 日，医疗审核岗共审核结算担保卡案 1286 单，剔除不合理费用 162.9 万元，审核伤人案 670 起，剔除不合理费用 333.5 万元，考虑到通融赔付的因素，医疗费用审核全年共计减少 440 万元不合理赔款，通过调查、医疗费用审核，中国人保深圳分公司 2004 年可减少赔付 1720 万元。从 2004 年 1 月至 8 月，太平洋财险公司的内部保险调查人累计独立调查案件上万件，交外协调查公司调查的案件近千件，由外协调查实现的追偿金额累计已达 307 万元。

第二节　汽车保险反欺诈存在的问题

如前文所述，我国现阶段的车险反欺诈还处于起始阶段，只是在个别公司的个别分支机构较为正式地开展了这方面的工作；对所有的保险公司和几乎所有的保险分支机构来说，车险反欺诈还没有实施专业化的管理，还只是被视为车险理赔质量管理中的一个环节。对比发达国家和我国车险反欺诈的实践，可以明显看到我国的车险反欺诈存在着很多问题，集中体现在下列五个方面。

一、认识上的不足

尽管我国车险领域欺诈盛行，骗保、骗赔就像商业银行中的坏账一样是金融业的毒瘤，严重威胁着保险业自身的安全和稳定，但保险界对治理车险欺诈的态度似乎远不及银行界对治理坏账的态度那么强烈。银行界采取了贷款五级分类、设立资产管理公司、采用债转股、信息披露、加强对处理坏账工作的监督等多种手段降低坏账比例。相比之下，无论是保险公司还是保监会，面对并不比国有银行坏账比例低的车险欺诈，却是动作不多，这其中的原因何在？

据笔者的了解，保险公司对车险欺诈大致存在三种看法：一是无奈，持这种看法的人认为尽管车险欺诈十分可恶，但要治理车险欺诈却十分困难，他们对治理车险欺诈的可行性表示怀疑，“没法弄”是持这类看法的人的口头禅；二是坚决治理，持这种观点的人认为保险公司有责任，也有能力去对付车险欺诈；三是有限治理，持这种看法的人认为保险公司治理车险欺诈固然重要，但通融赔付也是必不可少的，如果保险公司以反击车险欺诈为名，没有给某些老客户、优质客户以必要的通融，保险公司将会因反欺诈而失去客户，最终得不偿失。总起来看，三种看法中持第一种的人最多，持第二、三种的人较少。就保险监管部门来看，主流的看法是：车险反欺诈是保险公司自己的事情，作为监管部门只要管好保险公司的偿付能力就可以了，保险公司偿付能力不足自然就会反欺诈，监管部门何必多此一举[①]。

对比发达国家的保险公司已经将反车险欺诈视为经营文化的一部分，将之纳入风险管理、内部控制之中，并成为保险公司加强客户关系管理，体现社会责任的一项重要措施，我们就会发现我国保险公司对车险欺诈的认识还是十分感性的。既然车险欺诈已经对保险业的稳定、安全运行构成威胁，保险监管部门就应当像银行监管部门治理商业银行坏账一样，采取确实有力的措施来要求并帮助保险公司反击车险欺诈。

二、法规上的不足

正因为观念认识上的不足，我国在反保险欺诈方面存在着严重的法规制度不足。现存的与保险反欺诈有关的法规主要包括：《民法通则》第58条、《保险法》第17条、28条、106条、123条、128条、131条；《合同法》第52条、最高人民法院《关于贯彻执行〈中华人民共和国民法通则〉若干问题的意见（试行）》（1988年4月2日）第68条、《刑法》第198条等。除刑法条

① 中国保监会的一位领导对保险公司治理结构的讲话就可以反映出这样的看法，该领导认为公司治理是保险公司自己的事情，保监会何必越厨代庖，参见“杨华柏：监管机构不要越厨代庖”，《中华工商时报》，2005年6月7日。

http://insurance.eastmoney.com/news_look.asp?code=20050607085400001480&channel_name=%B1%A3%CF%D5%CA%B1%D1%B6。

款外，上述法条只是对欺诈行为的一般民事、刑事界定，并没有专门针对保险欺诈的法律界定，这给在法律实践中认定保险欺诈造成了很多困难。一个简单的例子就是，在投保人依据公估人做出的虚假公估报告要求索赔的情形下，对该公估人是否构成对保险人的欺诈，按照美国的法律答案是肯定的，但依照我国现行的法规就不那么容易认定。

民事责任豁免的问题是保险公司实施车险反欺诈的一个十分重要的法制前提。如前文所述，保险合同是建立在最大诚信原则基础上的，保险人和被保险人互负有最大诚信义务。保险人一旦发现某起赔案有欺诈嫌疑，则势必要进行调查从而相应延长理赔周期，甚至还要向监管部门报告，这样被保险人就难以在正常的赔付周期内拿到赔款，这时被保险人在英美法上可获得的救济有两种：一是以保险人恶意违反最大诚信原则提起侵权之诉（bad faith action）；二是以推定欺诈（constructive fraud）为名提起侵权之诉[①]。如果在保险人对赔案进行调查的同时，允许被保险人向法院提起诉讼控告保险人侵权，这时正常的保险反欺诈工作就无法开展，为了鼓励和保护保险人实施保险反欺诈的积极性，发达国家对保险人的正常反欺诈行为给予了民事豁免待遇。现阶段

① 关于英美法上的推定欺诈之诉，可参见：Jr. Lee Roy Pierce, Constructive Fraud: the Forgotten Insurance Bad Faith Claim, *Beverly Hills Bar Association Journal*, Summer 1993, 103.

我国的保险公司正在通过签署服务承诺，打造保险业尤其是车险业的行业服务标准①，依据达成的《全国机动车辆保险服务承诺》，在保险公司就赔案进行调查，无法兑现对客户服务承诺的情况下，被保险人可以以违反承诺为名要求保险公司承担损失。如果没有法律上的民事豁免制度规定，保险公司的反车险欺诈工作则很难顺利开展。

另一个很现实的问题就是保险信息保密方面法规的缺失，对保险公司利用建立“黑名单”、“灰名单”和信息技术平台打击车险欺诈造成了法律上的障碍。我国《保险法》第32条规定，保险人对在办理保险业务中知道的有关客户的业务、财产情况和个人隐私负有保密义务。如果保险公司仅仅是在系统内部使用“黑名单”、“灰名单”反击车险欺诈的话，并不构成对法定义务的违反，但一旦将这些客户资料交由统一的信息数据库管理，实现与其他保险公司的信息共享的话，则可能构成对客户保密义务的违反，这点对新兴的车险信息技术平台的运转有很重要的影响②。

---

① 2005年7月12日，45家保险公司的代表在北京共同签署了全国保险行业《机动车辆保险服务承诺》和《个人意外伤害保险、健康保险服务承诺》，这是中国保险行业规范保险业服务，制定行业服务标准，维护消费者权益的重大举措。《保险业首作服务承诺，公众监督不再缺位》。http：//www.newssc.org/gb/Newssc/meiti/cdrb/gnyw/userobject10ai696558.html

② 洛涛：“车险赔款两成是骗保”，《经济参考报》，2005年1月18日。

三、经营上的不足

由于观念认识上的不足，我国保险公司在经营方面对如何有效防范和遏制车险欺诈也普遍存在着重视程度不够的缺陷。这集中体现在以下四个方面：(1) 在业务流程方面对车险反欺诈的关注很少。在 2005 年版的中国人保“三个中心”手册中，在理赔环节只有疑难赔案调查工作流程与反车险欺诈有一定的关系，但这个名为“疑难赔案调查工作流程”中却没有对调查方式、方法、进度及结果的处理等进行专门的规定，只是泛泛地说“有欺诈嫌疑的案件，需要继续调查取证。可交经办人员或组成调查小组办理，或委托独立调查人、公估机构等社会中介进行调查，必要时，请求司法机关介入；涉及追偿的，及时通知追偿岗介入”。[①] (2) 在承保、理赔部门之间缺乏有关保险欺诈信息的交流。图 3-4 是中国人保“三个中心”整体架构图，从图中可以看出，在理赔/客户服务中心和承保中心之间存在着承保质量反馈，但事实上两个部门间的正常业务信息反馈几乎不存在。就疑难赔案调查工作流程来看，疑难案件调查完毕以后只是在《疑难案件调查登记簿》上登记结案，并没有要求将有关信息移送承保部门。(3) 缺乏专门的骗保、骗赔案件的调查机构和人员。按照现在中国人保

① 人保财险发【2004】417 号，《中国人民财产保险股份有限公司三个中心操作指南》(2005 年版)，第 91 页。

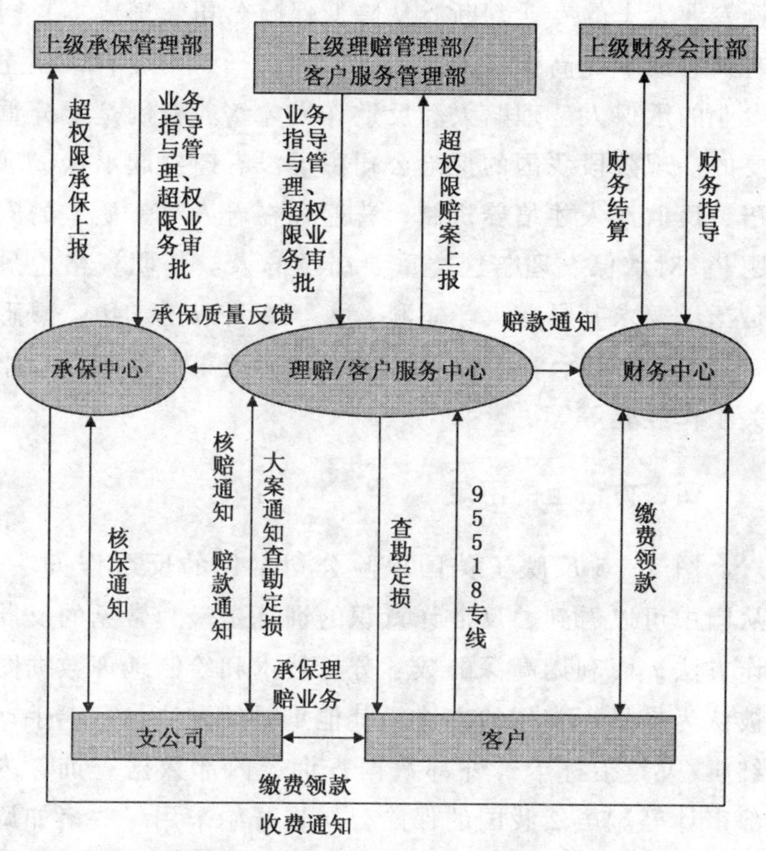

图 3-4　国内某财产险公司业务运作整体架构图

“三个中心”的管理办法，对疑难案件的调查是放在追偿岗的，而追偿岗的责任更多地体现为对已经赔付的案件对相关责任人进行追偿，对疑难案件的调查只是追偿岗五项职责中的第四项。(4) 缺乏相应的反车险欺诈的人才培养机制。保险公司从事的是风险管理工作，对汽车这类标的物的承保、理赔风险，在很大程度上需要依赖专业人士的专业判断。从降低保险公司管理成本，同时又有助于提高保险公司风险管理水平的角度看，建立专业的承保人、理赔人和反欺诈人才培养机制是十分重要的。现阶段我国的保险公司由于没有建立起承保、理赔、反欺诈人才培养机制，普遍存在着人员素质差的问题①。对承保、理赔这类重要岗位的人员任职资格也只是泛泛要求其具有大学本科、大学专科以上学历，熟悉有关法律知识，熟悉保险相关知识和政策，两年以上相关工作经验等等。

四、方法上的不足

图 3－5 反映了美国保险公司常用的反欺诈方法，从图中可以看到，反欺诈意识的训练是最为常见的反欺诈方法，而利用高深的数学分析技术和绘制地理数据图被认为是最不常用的方法。其他重要的方法包括：手动红旗/关键指标卡、外部数据查询、内部数据查询、内部审计等。虽然我国的保险公司也开始采用一些诸如调查人、独立调查人、医疗费用审核、集中定损、定损复核、理赔审计（claims auditing）、信息技术平台等方法进行反车险欺诈，但从现阶段的情况来看，这些方法还仅仅处于一个试用阶段，有些方法的推广和使用还存在着一定的困难，我国保险公司在形成自己的反欺诈方法

① 例如，某保险公司曾对一个成立 7 年时间的分支机构的理赔人员进行考核，结果是 1/3 良好，1/3 及格，另 1/3 根本是不能胜任。

体系上还有很长的路要走。

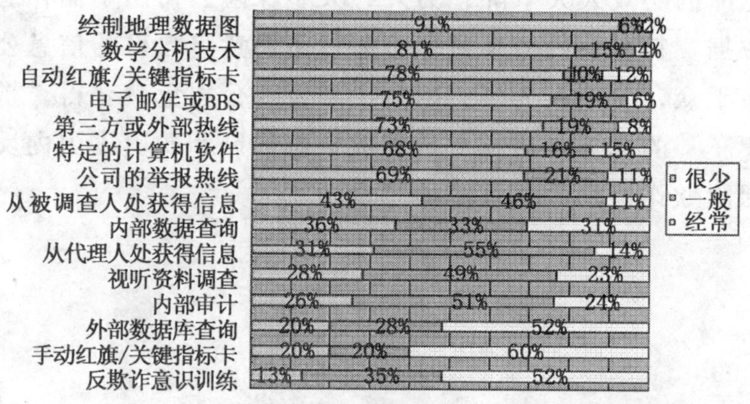

图 3-5　美国保险公司常用反欺诈方法

资料来源：Insurance Research Council and Insurance Service Office, Inc., Fighting Insurance Fraud, *Survey of Insurer Anti - fraud Efforts*, 2001.p20.

现阶段国内的保险公司偏好采用独立调查人的方式进行保险欺诈调查，但如何对独立调查人实施必要的激励与监督也是一个十分棘手的问题。中国人保深圳分公司在与深圳市福尔斯探信息咨询有限公司进行的委托调查中就出现了独立调查人与客户合谋对付保险公司的情况，导致后来中国人保深圳分公司不得不终止了与这家公司的合作。利用信息数据系统打击保险欺诈是现代反保险欺诈的重要方式，这有企业内部数据系统和外部数据系统之分，在企业内部建立起“黑名单”、“灰名单”是相对容易的，但由于缺乏统一的信息技术标准，各保险公司并没有将所有的客户信息输入信息库，这使得信息库的功效大大下降；另外，大型保险公司由于储存的数据资料多、内容丰富，可能极不愿意将自己的信息公布于众，与别人分享，以使小型保险公司免费获得“搭便车”的优势，这在一定程度上也限制和妨碍了国内反保险欺诈信息数据系统的建设。①

① 方磊：“北京市率先推出车险、驾驶员信息交换和协查合作机制搭建信息共享平台”，《中国保险报》，2004 年 3 月 17 日。

第四部分

汽车保险反欺诈的对策

第一节　汽车保险反欺诈的公共政策

一、完善相关立法，为反击保险欺诈提供法制保障

在反击保险欺诈方面，发达国家已经形成了一套相对完整的法制体系，如美国的反保险欺诈法制体系包括:《反保险欺诈法》(Insurance Antifraud Act)、《保险欺诈局法则》(Insurance Fraud Bureau Act)、《车险承保前检查法》(Auto Pre－inspection Act)、《特别调查科法/条例》(Special Investigation Unit Act/Regulation) 等。其中《反保险欺诈法》是有关反击保险欺诈的基本法律规范，对诸如保险欺诈的概念、受害人可以获得的法律救济、行政监管部门对保险公司反欺诈的基本要求、反保险欺诈部门间的合作、保险欺诈的刑事、民事、行政法律责任、反保险欺诈的民事豁免制度等基本制度和规范等予以明确的规定。保险欺诈局法则是对在保险监管部门设立的反保险欺诈的行政机构的职责进行了明确的规定；车险承保前检查法要求保险人在承保车辆时要对

标的车进行哪些项目的检查、检查有什么要求、检查到什么程度等予以规范；特别调查科法/条例则是对保险公司的特别调查部门的职责、程序、人员结构和培训等做了规范。

完善我国有关反击保险欺诈的法制体系，笔者认为不必拘泥于法的形式要件，而是要更多地注重法的实质要件，通过在修改《保险法》时增补部分法条、制定行政法规、颁布部门规章及签署保险行业行为准则等多种形式，积极引入发达国家业已形成的反击保险欺诈方面的成功做法，积极推动我国的反保险欺诈工作。据笔者的研究，发达国家在反击保险欺诈方面的主要成功经验有：

1. 采用以保险交易为基础的保险欺诈定义。保险交易的概念比我国现行《保险法》第二条中以投保人和保险人按照合同的订立和履行为框架定义的保险概念，其外延要大得多，由此可以为保险欺诈确立起一个广泛的主体范畴，将汽车修理厂、医疗机构和保险中介机构等纳入保险欺诈的主体范围。

2. 建立一套包括保险公司、监管部门、行业性组织和消费者在内的反保险欺诈组织体系。保险公司内部设立了以特别调查科为载体的反欺诈机构；监管部门中的反欺诈局则负责指导、监督保险公司的反欺诈工作，并对重大欺诈案件进行调查；行业性组织则负责协调建立保险公司的反欺诈活动，行业性数据处理机构则为保险公司的反欺诈工作提供技术支持；消费者团体和消费者个人主要是通过自觉抵制和积极监督来提升保险反欺诈工作的水平。

3. 形成了一套相对完整的反保险欺诈制度。这主要包括保险反欺诈计划的拟定和审查制度、欺诈信息的强制报告和年度报告制度、民事责任豁免制度、保险信息储存、转移和分析制度、多部门联合调查制度和民事、行政、刑事处罚制度等。

笔者以为，完善相关立法就是要将上述发达国家在反保险欺诈中的主要成功经验在有关法规中予以体现。可供选择的思路有：一是制定专门的反保险欺诈法；二是在修改《保险法》时对反保险欺诈所必需的基本法律制度予以规范，对具体制度则分别在行政法规、部门规章的层次上加以规范。从 2005 年年初开始，中国保监会决定研究修改《保险法》，在这种背景下经由第二种思路对加快保险反欺诈的立法进度是比较可行的。另外，与我国不同的是，美国制定有专门的《欺诈交易法》（Fraudulent Transaction Act），在此基础上再制定专门的反保险欺诈法是一种十分顺理成章的事情。在我国这样缺乏反击欺诈交易立法传统的国家要率先制定反保险欺诈法可能面临很多的阻力，这也使得我们觉得第二种思路可能更好。

在修改《保险法》中需要增加的与反保险欺诈有关的内容包括：（1）引入保险交易的概念；（2）规定保险监管机构的反保险欺诈职责；（3）民事责任豁免制度；（4）保险信息保密制度的例外规定。笔者认为，在《保险法》中增加了这四项基本的规定，就为通过行政法规、部门规章和行业准则，推动我国保险反欺诈工作的深入开展奠定了法制上的保障。

二、监管部门在车险反欺诈中的职责

现阶段在中国证监会和中国人民银行已经分别建立了监察一局、二局和反洗钱局，专门用于反击证券市场上的欺诈交易行为和金融领域中的洗钱行为。在发达国家的保险行政监管部门中，一般都设有专业的反欺诈机构，如美国多数州保险部中的保险反欺诈局①，借鉴中国证监会、中国人民银行和发达国家的经验，在中国保监会内设专业的反保险欺诈机构，应是我国保险反欺诈的必然选择。发达国家如美国的保险反欺诈机构中一般设有火险、财产险、医疗健康险、车险、工伤险等不同的处室，分别处理各自领域中的保险欺诈问题。根据我国保险市场各险种的发展情况，我国保险反欺诈机构可以设立诸如财产险、车险、寿险、医疗健康险、保险中介等不同的内设单位。

为确保能够有效地反击保险欺诈，反保险欺诈机构应当拥有多项职责。依照反保险欺诈联盟的《保险欺诈局示范法》（Model Insurance Fraud Bureau Act）第三节

---

① 也有设在非保险监管部门的，如麻省的反欺诈局就是一个由该州的保险公司出资设立的独立机构，南卡、宾州、内华达州的反欺诈局则是设在检察官办公室。

的规定，美国的保险反欺诈局拥有下面五个方面的职责：(1) 自主发起反欺诈调查；(2) 负责对来自州、地方警察局、其他执法机构、政府部门的通报事项进行处理；(3) 审查由保险公司、保险公司的雇员、代理人和其他相关人员提交的有关保险欺诈的报告，并从中选择一些需要进一步调查的案件；(4) 对保险欺诈案件进行独立的调查和研究；(5) 向检察机关和其他相关执法机构、行政机构、监管和执照发放机构移送经调查发现的欺诈案件。反保险欺诈局在履行职责时拥有多项权力，这些权力包括：要求宣誓权、传唤证人、强制要求参加听证会的权力、罚款权、对涉及刑事犯罪的嫌疑人还可以直接逮捕。美国反保险欺诈局的调查人员拥有与警察和其他执法机构的官员相似的权力，并受到同样的保护，这使得反保险欺诈的调查人员就可以直接从其他执法机构获得更多的信息。

从我国的国情和行政体制出发，未来中国保监会反欺诈局的职责至少应当包括：(1) 要求所有的保险公司提交有关反击保险欺诈的计划，并对之进行审查；(2) 要求所有的保险公司对有关重大的保险欺诈案件进行专项报告，并在每年7月、1月分别提交反保险欺诈的半年和年度报告；(3) 发起对重大保险欺诈案件的独立调查；(4) 对保险公司和保险行业组织的反欺诈工作进行业务指导；(5) 向检察机关移送涉及犯罪的保险欺诈案件；(6) 接受社会公众对保险欺诈的检举；(7) 负责与其他执法机构和国际性反保险欺诈机构的协调。

为确保上述职责能够得到较好的履行，我国的保险反欺诈局应当拥有多项行政权力，这包括强有力的行政调查权、具有威慑力的行政处罚权等。在某些情况下，行政机构仅拥有行政调查权还是不够的，可能还需要拥有侦察权的司法机关的帮助才能完成对复杂案件的调查，在这方面中国证监会的实践可资借鉴。中国证监会通过邀请公安机关派驻的方式解决了在证券市场欺诈行为调查中的一些难题，也即公安机构的派驻人员可以通过行使侦察权的方式有效解决行政调查权的不足问题，以给证券欺诈的犯罪分子沉重打击。

赋予保险反欺诈机构有威慑力的行政处罚权是打击违法性保险欺诈行为的有力武器。根据我国《行政处罚法》的规定，行政机关拥有的行政处罚权包括：警告、罚款、没收违法所得、没收非法财物、责令停产停业暂扣或者吊销许可证、暂扣或者吊销执照、行政拘留和法律、行政法规规定的其他行政处罚①。从威慑效果来看，高额罚款② 和吊销执业（代理、经纪）资格对反击保险欺诈可能最为有效。纽约州建立的在要求欺诈方赔偿受害人损失后再予以高额罚款的实践被誉为是对保

① 《中华人民共和国行政处罚法》第八条。

② 依照《中华人民共和国行政处罚法》第十二条的规定，国务院部、委员会的规章可以在法律、行政法规规定的处罚种类和幅度的范围内作出具体规定，尚未制定法律、行政法规的，部门规章只能设定警告和一定数量罚款的处罚，罚款的限额由国务院决定。由此可见，在我国要实行对保险欺诈的高额罚款制度还需要国务院在行政法规层次上有所突破。

险欺诈有威慑力的做法[1]。根据《纽约州保险法》第403节的规定，纽约州保险反欺诈局可以对实施保险欺诈的个人处以5000美元外加索赔额的罚款，《纽约州保险法》第2133节还规定，对拥有虚假汽车牌照的人可以处以1000美元的罚款，每多一个虚假汽车牌照可以追加5000美元的罚款。在实施高额罚款制度的第一年1994年，纽约州保险欺诈局就获得了600万美元的罚款收入，民事处罚权的规定，使得纽约州保险反欺诈局可以有效遏制那些在处于犯罪情节以下的保险欺诈行为，由于举证困难对这类欺诈很难以刑事制裁的手段加以惩罚。

在车险反欺诈方面，中国保监会可以借鉴纽约州设立全州汽车协调人（Statewide Auto Coordinator）的做法，建立省辖区内的车险协调人。纽约的州汽车协调人负责跟踪和研究车险欺诈的形态和趋势（patterns and trends），对全州的反欺诈工作进行协调，并对地方检察官提供技术支持，还负责车险反欺诈工作的质量管理，包括记录、文档制作的质量和案件管理等。未来我国省辖区内的车险协调人至少应当做到跟踪和研究车险欺诈的形态和趋势、对车险反欺诈工作进行协调和对地方检察官提供技术支持这样三项职责。从事保险反欺诈工作的调查人员还需要进行经常性的脱产培训和在岗培训，

① The Coalition Against Insurance Fraud, Model Insurance Fraud Bureau Act, Discussing Paper, Civil Fining Authority, page 3, Sept, 1995.

以适应新的形势和提高车险反欺诈成效的需要。

三、行业性组织在车险反欺诈中的作用

与车险反欺诈有关的行业性组织不仅包括保险行业协会、行业性组织，而且还包括像美国保险服务局这样的行业性数据储存、分析机构。三类行业性组织在车险反欺诈方面发挥各自不同而又无法相互替代的作用。就中国保险行业协会而言，在反击车险欺诈方面的作用主要表现在：(1) 帮助保险公司和其他会员单位树立反保险欺诈的意识；(2) 推动各保险公司内部的车险欺诈数据库建设并联网；(3) 推动保险公司和其他相关部门如交通事故管理部门、被盗车辆管理部门等的数据联网；(4) 建立行业性的数据库；(5) 为上述数据库确立统一的技术标准；(6) 进行专业人才培训等。

除中国保险行业协会外，我国也已形成一些保险行业组织，如中国保险学会、保险代理人协会等，但尚未形成专业的反保险欺诈组织，也没有展开对保险欺诈的专门性研究。成立于 1993 年的反保险欺诈联盟是全美第一家全国性的、通过公众倡导和公众教育进行保险反欺诈的专门机构，消费者组织和保险公司是其主要成员(参见表 3－3)，联盟的宗旨是整合消费者、政府监管部门和保险公司的力量，反击各种形式的保险欺诈，以实现为消费者、保险公司降低保费，促进公正和美国保险业的整体利益。保险研究理事会（the Insurance Research Council，IRC）是美国财产保险学会（the Ameri-

can Institute for CPCU）和美国保险学会（the Insurance Institute of America）下属的机构，其主要职责是对与保险公司和消费者有关的公共政策问题进行及时的和可信的研究。保险研究理事会对保险欺诈进行了大量的研究，取得了一系列的研究成果①。

从美国的经验来看，组建既包括消费者组织又包括保险业组织在内的行业组织对我国反保险欺诈的促进来说是一种新的思路。近年来，中国消费者协会对保险领域中损害消费者权益的现象极为关注，如在2004年12月，中消协公开点评了中国保险业存在的十大“霸王条款”。坦率地讲，中消协对保险“霸王条款”的点评，成效是微不足道的。如果在未来能够组建一个能将消费者组织和保险业组织包括在内的行业性机构的话，消费者组织和保险业组织就有机会增进相互的了解，从而更好地推动保险领域中的消费者权益保护和保险业的和谐发展，对遏制保险欺诈也具有重要的意义。

组建行业性的数据服务机构是反击保险欺诈的另一重要选择。每一笔投保、每一笔交通事故的处理、每一个病人的住院材料、每一起赔案的最终处理等都是保险公司可资利用的重要资源，当这些信息分散在多个主体掌控之下，没有实现电子化的时候，就难以发挥保险信

① 如 Insurance Research Council，Fraud and Buildup in Auto Injury Claims，Pushing the Limits of the Auto Insurance System，September 1996 和 Insurance Research Council and Insurance Service Office，Inc.，Fighting Insurance Fraud，Survey of Insurer Anti－fraud Efforts，2001 等。

息所具有的潜在优势：为保险费率厘算、风险防范、遏制欺诈、趋势预测等提供依据。鉴于保险数据资料的保密性要求，组建行业性的数据服务机构必须得到立法上的特别支持。例如，美国加州保险法典第 1875 节就专门对保险理赔分析机构（Insurance Claims Analysis Bureaus）做了明确的规定。建立保险理赔分析机构，必须获得州保险委员会主任的许可，但要达到上述要求，则必须满足下列条件：拟成立的理赔分析机构是一家以保险反欺诈为目的的非盈利性组织；至少有两年的理赔数据分析经验；有足够多的保险公司愿意向该机构提供保险信息；全部信息采用了电子化的形式①。美国保险服务局现在是全美最大的保险信息数据供应商，它的 ClaimSearch－Auto 系统不仅可以帮助客户搜寻有关车辆盗抢、盗抢车辆返还、损坏、抢救等方面的信息，而且还可以提供有关车辆被扣压和出口方面的信息。另外，该系统还与汽车零配件的销售商联手，在客户索赔前为汽车保险商提供有关车辆损失估价方面的信息，这对尽早遏制重复和可疑索赔案件是很有帮助的。

在我国组建行业性的保险数据服务机构还存在着不少障碍，其中数据标准的确立和数据保密是两个最为重要的问题。例如，2004 年 3 月在北京建立的“车险信息库共享平台”，数据标准已经成为影响其功效发挥的

① Section 1875.12，the California Insurance Code.

一个很重要的瓶颈[①]。数据保密是一个比数据标准更为棘手的问题，这方面需要有相应的立法支持。美国保险服务局就是根据全美保险监管官协会（NAIC）的保险信息保密示范法（Insurance Information and Privacy Protection Model Act，NAIC）和联邦健康保险责任法（the Federal Health Insurance Portability and Accountability Act，HIPAA）制定了自己的严格的保密政策。2005年6月份在美国发生的国际信用卡信息泄密事件也昭示了金融信息保密制度的重要性。

四、汽车保险反欺诈中的其他公共政策

车险反欺诈中的其他公共政策主要包括推动保险行业与公安、交通警察、医疗机构、部队车辆管理部门及海关等部门的合作和信息联网；加强消费者教育等。在保险行业与其他相关行业的合作方面，日本的保险业在医疗费用标准、修理费用标准和回收再利用零配件三个方面取得了卓越的成效。从1984年开始，日本的机动车保险费率厘算协会（现为财产保险费率厘算机构）、日本财产保险协会和日本医师协会三方进行了协商，开始了医疗费用标准化的进程，到1988年6月，《新治疗费用标准》完成，截至2001年12月，日本47个行政区域中已有44个都、道、府、县的医院已经采用这套新标准。

① 洛涛：“车险赔款两成是骗保”，《经济参考报》，2005年1月18日。

从1973年开始，日本财产险业界成立了“汽车研究中心”，研究和推广汽车修理费的标准化问题；到1976年汽车研究中心首次对丰田公司的花冠车发布了指数，此后日本汽车修理业逐步开始采用统一的修理费标准。1989年日本财产保险界开始了“保险杠维修运动”，对广大的消费者和汽车用户开展教育活动，近年来随着环保意识的提高和保险公司“再生零部件使用特别条款”的推行，再生零配件的应用在日本车险业已经蔚然成风。治疗费用、维修费用的标准化，对于遏制超额赔付和保险欺诈具有明显的成效，再生零配件的应用对于打击零配件盗抢、零配件保险欺诈也有着深远的影响。

保险行业与其他相关行业的信息联网对于构造全社会的反击车险欺诈网络具有十分重要的意义。公安系统掌握着有关车辆违法犯罪的数据和被扣压车辆的信息、交通警察部门掌握着道路交通事故的信息、医疗机构最清楚交通事故伤亡人员的伤害程度和治疗状况、部队车辆管理部门则拥有有关军车方面的数据信息、海关则掌握着车辆进出口和走私犯罪方面的信息。推动保险行业与上述相关部门的联网，可以在全社会形成一个严密的打击车险欺诈的信息网络，可以及时地发现和防范车险方面可能存在的欺诈。例如，美国的全国保险犯罪局（National Insurance Crime Bureau）设立了在线的数据库，客户可以在线查询获得有关车险犯罪的实时信息。

加强消费者教育有利于纠正和消除消费者对保险欺诈的错误认识，提高消费者对保险欺诈的防范意识。消

费者教育是保险监管机构、行业协会和保险公司都负有的使命，可以通过网站、宣传周、宣传日、温馨提示（见表4-1）等方式广为宣传车险欺诈对消费者的危害、车险欺诈的常见形态、有效的防范措施、求助电话等。此外，如美国成立反盗抢车小组的做法也值得借鉴，在20世纪80年代，美国那些汽车盗抢最为严重的州和地区设立了反盗抢车小组（Anti－Car Theft，ACT），资金主要来源于执法团体、州基金、保险公司和消费者的自愿捐助。其主要职责是提升消费者对防范盗抢车方面的意识和推动相关的立法，在我国的汽车盗抢事故高发地区可以依托居委会成立类似的反盗抢车小组。美国交通部的全国高速公路安全管理局通过立法要求车辆的主要零配件都必须编号，这样就可以有效防止车辆零配件盗抢险欺诈的发生。

表4-1　保险行业协会对消费者的提示

1. 从来不要签署空白的保险索赔单证。
2. 索要详细的维修和医疗清单，并确保其准确、真实。
3. 对上门推销或电话推销的保单销售人员保持必要的警惕。
4. 不要相信特别低的保费。
5. 与保险协会、监管部门联系，确定保险代理人或保险公司是否真实。
6. 不要随便对外泄漏您的保单号码。
7. 在驾车过程中，一旦你前面的车突然停下，你可能被人利用制造了一起人为的交通事故。
8. 在发生交通事故后，那些让你去他们那儿看病并给你现金回扣的医疗单位可能是保险欺诈的犯罪团伙。
9. 如果你认为你被骗了或有人让你共同实施保险欺诈的话，请给保险监管部门打电话。
10. 在网上投保时一定要注意网上的保险公司是不是假的。

第二节　车险反欺诈与保险公司的内部控制

一、车险反欺诈应当成为保险公司内部控制的重要内容

按照美国 COSO 委员会在 1992 年发表的《内部控制：整体框架》（Internal Control - Integrated Framework）中的定义，内部控制是由企业的董事会、管理层和其他职员实施的，旨在取得（1）经营效果和效率；（2）财务报告的可靠性；（3）遵循适当的法律和规则等目标的一种过程。从内容上看，内部控制包括内部会计控制和内部管理控制两个部分。从构成上看，内部控制包括控制环境（control environment）、风险评估（risk assessment）、控制活动（control activities）、信息与沟通（information and communication）和监控（monitoring）五项要素。五项要素的具体内涵和相互之间的关系分别如表 4-2 和图 4-1 所示。

表 4-2　　内部控制五项要素的具体内涵[①]

1. 控制环境 （1）诚信及伦理价值 （2）董事会、审计委员会和管理层的哲学和管理方式

① COSO Description，http：//www.knowledgeleader.com

续表

(3) 组织结构 (4) 授权和问责 (5) 人力资源政策和程序 2. 风险评估 (1) 公司的总体目标 (2) 业务层面的目标 (3) 风险的识别和分析 (4) 对变化的适应 3. 控制活动 (1) 政策和程序 (2) 安全系统（系统和网络） (3) 系统升级管理 (4) 持续营业/支持 (5) 外包 4. 信息和沟通 (1) 信息的质量 (2) 交流的有效性 5. 监控 (1) 持续监控 (2) 分别评估 (3) 报告

良好的控制环境是企业建立有效的内部控制制度的前提；风险评估是由企业内部职能部门和业务部门所实施的对风险的设别、衡量和对策建议等活动；良好的风险评估为企业实施有效的控制活动奠定了基础；监控是对企业各项控制活动状态和有效性的监督与反馈；信息与沟通则是连接内部控制目标和各项控制活动的平台[①]。按照COSO委员会的设想，在一个公司内部凭借

① 王素莲："对内部控制概念的系统性思考"，《经济问题》，2004年第10期，第10～12页。

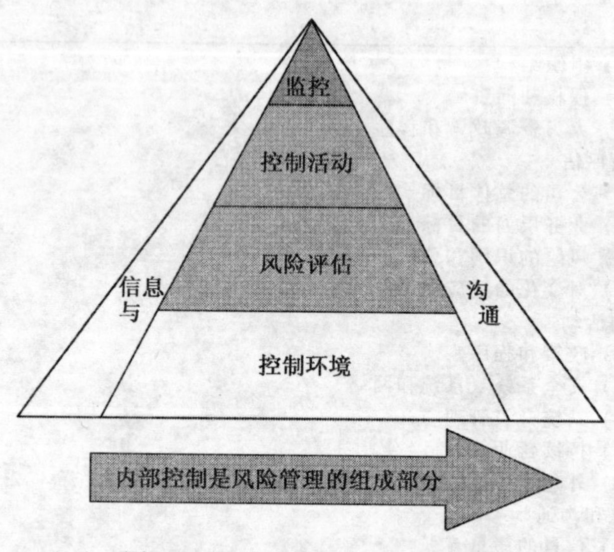

图 4－1　内部控制的构成要素

着直接的领导、共同的价值观、强调问责的文化，五项要素就可以实现有效互动，进而使得企业进入一个自我循环、自我扬弃的良性发展状况。

随着安达信、安然、世通等财务丑闻的相继曝光，美国通过了《萨班斯－奥克斯利法案》（the Sarbanes－Oxley Act 2002），强化了对企业内部控制的监管。该法案的第 404 节（SEC.404 Management Assessment of Internal Control）要求管理层必须建立和维持充分的内部控制结构和程序，并在每个财务年度对内部控制的有效性进行评价，为公司提供审计服务的外部审计人员要对管理层对内部控制的评价进行证实和报告。

与此同时，COSO 委员会也注意到企业界对风险管理的关注。在 2001 年的时候，COSO 委员会与普华永道会计事务所共同开始研究企业的风险管理框架，在2004年9月发表了《企业风险管理：整体框架》（Enterprise Risk Management：Integrated Framework）的报告。该报告无意取代内部控制框架，但却是在内部控制框架基础上的扩展，更确切地说是将内部控制纳入了企业风险管理框架之中。企业可以从风险管理框架中审视自己现有的内部控制，也可以直接转向一个更加全面的风险管理。

从内容上看，企业风险管理框架包括内部环境（Internal Environment）、目标设定（Objective Setting）、事件识别（event identification）、风险评估（risk assessment）、风险对策（risk response）、控制活动（control activities）、信息与交流（information and communication）、监控（monitoring）八项要素。比较而言，目标设定、事件识别、风险对策三项要素是内部控制中所没有的，其余五项要素都是内部控制中既有的，由此可见，企业风险管理框架是在内部控制框架基础上的扩展，正是从这个意义上讲，内部控制是风险管理的组成部分（见图4－1）。COSO委员会认为，企业经由风险管理框架所设定的八项要素追求战略（Strategic）、运营（Operations）、报告（Reporting）和合规（Compliance）四项目标，而上述目标的实现又必须依赖于企业（Entity－level）、部门（Division）、业务单元（Business Unit）和分支机构（Subsidiary）四个层次的共同努力。上述八项要素、四项目标、四个层次的关系如图4－2

所示。

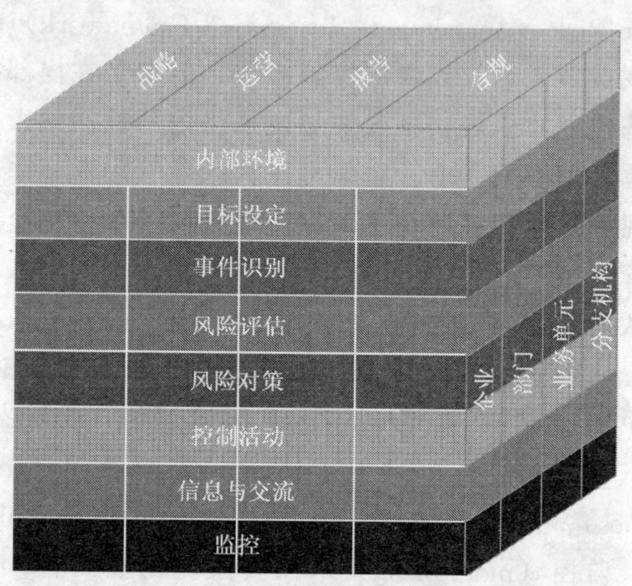

图 4-2　企业风险管理框架中各因素的相互关系

由此可见，自从 1992 年 COSO 委员会发表《内部控制：整体框架》报告以来，内部控制一直是企业管理的中心问题，安然事件发生以后，人们开始对内部控制的有效性产生怀疑。美国的立法机关通过《萨班斯-奥克斯利法案》强化了管理层和外部审计人员对公司内部控制的责任；COSO 委员会则提出了企业风险管理的框架对原有的内部控制进行了扩展。从国际上看，保险和风险管理的关系已经更像一种对损失的融资（the financing of loss），而不是对损失的修复（the restoration of loss)[①]。现在很多国际性的保险公司已经出现了风险融资（risk financing）这样的部门，保险业与风险管理业在很大程度上实现了重叠，保险企业的管理确实应当率先进入全面的风险管理时代。但就我国保险公司现有的管理水平而言，吸收企业风险管理思想，完善各项内部控制制度，应当是未来一段时间内保险公司企业管理的重点所在。

现阶段车险业务在我国保险公司的业务结构中占据着十分重要的位置，而且有高达1/3的车险赔案与车险欺诈有关，车险欺诈已成为保险公司业务经营中的重要风险。一方面，如何有效防范和遏制车险欺诈应当成为保险公司内部控制的重要内容，也是保险公司风险管理的重要环节；另一方面，做好行业诚信建设、提高车险理赔服务质量也迫切需要我们将车险反欺诈作为保险公司内部控制制度建设的重要内容。近年来，在汽车保险业务快速发展的同时，保险公司不信守合同承诺、不讲理赔诚信、信誉声誉下降的问题也日益显现，突出表现在：车险理赔结案率偏低；理赔质量和服务水平不高；理赔程序和环节过于繁杂；查勘定损理赔核批时限长；故意刁难久拖不赔等。这些问题造成车险理赔投诉增多，已经严重损害了被保险人的切身利益，影响了保险

① Pat Magarick and Ken Brownlee, Casualty, Fire, and Marine Investigation Checklists, 5th edition, 1997. p2.

公司的社会形象[1]。我国汽车保险业面临着既要加快发展、又要提高理赔速度和服务质量的双重任务，要在提高理赔速度的同时提高服务质量，采取有效措施防范和遏制车险欺诈无疑是保险公司的必然选择。

二、保险公司内部控制中的车险反欺诈制度设计思路

根据 COSO 委员会的内部控制框架和风险管理框架，结合国外文献和国际保险公司的一些实践，笔者认为保险公司内部控制中的车险反欺诈制度设计应当体现如下的思路。

1. 车险反欺诈的意识必须贯穿公司上下各个层面。在实务部门有这样的一种错误的认识：内部控制与管理层无关[2]。持这种看法的人往往认为，内部控制是管理层用来控制下属的，也即在管理层以下都必须遵守内部控制的规范，惟独管理层可以例外。其实这种看法是完全错误的，COSO 委员会无论是在其内部控制框架中还是在风险管理框架中，都始终强调董事会、管理层、内部审计部门、业务执行部门以及员工、外部审计师及其他外部人士等对达成企业内部控制有效性的作用。既然车险业务是保险公司最为主要的业务险种，车险业务又

① 张春生：“行业诚信从车险理赔开始，保监会提出——今年车险赔案结案率要提高 5 至 10 个百分点”，《中国保险报》，2005 年 3 月 14 日。

② Can Internal Control Stop Management Fraud? *The CPA Journal*, April 2003.

是最容易和遭受欺诈最为严重的险种，那么以车险为主业的保险公司应当在公司上下各个层面确立起车险反欺诈的意识，并体现在日常工作之中。

就保险公司来说，确立车险反欺诈意识可以有三种选择：一是在企业伦理的层面上将车险反欺诈视为公司社会责任的一部分。美国的寿险承保人协会、风险和保险管理协会与财产保险协会（CPCU）都强调保险公司的伦理责任，认为尽管各州有不同的诸如《不公正理赔行为法》（the Unfair Claims Settlement Practices Act）、《欺诈交易行为法》（Deceptive Trade Practices Act）等对车险理赔予以规范，但相对于企业伦理而言，法律层面的要求无疑是最低的，企业伦理可以为企业确立更高、更好的行为标准。二是为公司高层人士制定商事行为的道德法典。这也是《萨班斯－奥克斯利法案》第406节的要求。如美国友邦保险集团就制定了适用于董事、高级管理人员和高级财务人员的道德法典（AIG Director, Executive Officer and Senior Financial Officer Code of Business Conduct and Ethics）。三是在员工执业手册中对有关车险反欺诈的内容予以规范。

2. 制定和执行严密的反欺诈计划是保险公司取得车险反欺诈成效的重要保证。反欺诈计划（Fraud Plan）是保险公司反击车险欺诈的行动纲领，对保险公司的车险反欺诈工作具有重要的指导意义。正因为反欺诈计划对于保险公司的车险反欺诈工作具有如此重要的意义，美国多数州都通过立法对反欺诈计划的内容进行了规定，并要求州保险监管部门对保险公司的反欺诈计划进行审查，对反欺诈计划的执行进行必要的监督。从内容上看，保险公司的反欺诈计划必须包括：内设或外聘专业调查机构的设立、职责、人员配置及其合理性的说明、调查机构与承保、理赔部门的关系、欺诈数据的传递、重大欺诈案件的上报、欺诈调查人员的基本素质要求和培训计划、调查机构与其他相关部门的协调、调查的程序和规则和向监管部门的年度报告要求等。

一项成功的反欺诈计划不仅仅在于其内容的全面、严密与否，更为重要的是经由该计划本身的规定所折射出来的威慑力和调查力。从经济学上看，保险公司不可能对每一起赔案都进行详尽的调查，从而甄别出每起案件的真伪，彻底地消灭一切可能出现的保险欺诈，保险公司最佳核查策略（the optimal auditing strategy）应当是兼具威慑力和调查力的反欺诈计划。按照这样的思路，保险公司只是对一些具有某类特征的可疑案件进行调查，而且这种调查必须符合经济上的成本效益原则，也即调查所取得的收益应当大于调查所花费的成本。保险公司的最佳核查策略可以表示为：

$$G_i = g(X_i) + \varepsilon_i$$

其中，G_i 表示核查的净收益，X_i 表示赔案，ε_i 表示随机错误变量。也就是说在可观察到的具有某类特征的赔案和核查的净收益之间存在函数关系，当 G_i 大于 0 的情况下，对这样的索赔就应当进行专门的审

核。

由于 G_i 无法直接观察，在给定一个概率分布函数 F (ε_i) 的情况下，一起赔案被核查的可能性与该起赔案所具有的某些特征有关，可以表示为：

$$P_r(G_i>0)=P_r[\varepsilon_i>-g(X_i)]=1-F[g(X_i)]$$①

3. 只有不断地强化队伍建设、优化业务流程以及更新方法，才能在保险公司建立起车险反欺诈的长效机制。车险反欺诈没有一蹴而就的良药，只有通过长期不断的努力，才能在保险公司建立起有效的车险反欺诈机制。发达国家的实践表明：强化队伍建设、优化业务流程和更新方法是有效反击车险欺诈的三个支柱。

强化队伍建设，包括强化承保、理赔、调查三类人员的资质、业务监督、持续教育、考核和岗位晋升等。车险反欺诈之所以要同时强化上述三类人员的队伍建设，其主要原因就是车险欺诈不仅存在于理赔阶段，而且还存在于承保阶段，如果我们简单地强化调查队伍建设，就难以达到遏制和防范车险欺诈的效果。

优化业务流程首先要求将车险反欺诈纳入到现有的业务流程中去，并在不断的实践中对业务流程设计进行重新思考，以获得在提高服务品质的同时，不断提升车

① Sharon Tennyson and Pau Salsa - Forn, Claims Auditing in Automobile Insurance: Fraud Detection and Deterrence Objectives, *the Journal of Risk and Insurance*, 2002, Vol.69, No.3, 289 - 308 at 299.

险反欺诈水平[1]（关于优化业务流程将在下节中专门讨论）。

正如上文所分析的那样，车险欺诈的形态和趋势是不断变化的，这就要求保险公司在车险反欺诈的实践中不断总结和采纳新的方法，只有这样才能有效遏制和防范车险欺诈（关于车险反欺诈的方法将在下文中专门讨论）。

三、保险公司内部控制中的车险反欺诈具体制度

具体到在保险公司内部控制中应当引入哪些与车险反欺诈有关的具体制度，笔者以为，在保险公司的内部控制中至少要引入如下七项具体制度。

1. 验标承保。即在投保人提出承保申请时，要求对车辆的具体情况进行必要的事先检查，然后再决定是否承保，以什么条件承保的一项制度。该项制度的目的是遏制一些虚假承保的情况发生，如事（故）后承保、空车承保等。鉴于验标承保对于遏制和防范车险欺诈的重要性，美国反保险欺诈联盟在 1994 年推出汽车保险前检查示范法（Model Act for Pre-insurance Inspection of Motor Vehicle），该法案的第六节规定了承保前检查的标准和内容。根据该节的规定，保险公司可以自己也

① A. Gunasekaran and B. Kobu, Modelling and analysis of business process reengineering, *International Journal of Production Research*, 2002, Vol.40, No.11, 2521～2546.

可以委托其代理人、独立第三人以对申请人以“合理便捷”的方式对拟投保的车辆进行检查，检查报告必须做到不易伪造、倒签日期和其他欺诈。报告的内容至少应当包括：车架号、里程表上的里程数、两张显示任何可视损害的照片和附加设备的清单。现阶段我国不少保险公司都对验标承保有所要求，但大多要求不太具体、明确，美国汽车保险前检查示范法中的有关规定很值得我们借鉴。

2. 理赔质量管理。发达国家的保险公司已经在理赔质量管理方面形成了一整套的理论和实践，在这些公司看来，“理赔质量控制有助于防范理赔人员实施的欺诈，同时也有助于防范和减少错误的赔付；理赔质量控制还有助于提高保险公司的服务水平，进而强化保险公司的竞争优势。”[①] 理赔质量评价是理赔质量控制的核心内容，其做法是由理赔部门的负责人或保险公司的内审人员对近期内处理过的所有赔案进行仔细的评价，每件赔案都要从赔付的准确性、程序差错率、赔付金额的差错率和审查周期四个方面进行审核，以发现差距，逐步加以改进。2005 年是中国人保的理赔质量年，中国人保制定的《理赔质量年活动方案》将活动的目标设定为：全系统赔付率较上年下降两个百分点；车险理赔周期缩短 10%以上；结案率达到 80%以上。尽管与发达

① Managing Claim Department Operations, International Claim Association, 1991, P449.

国家保险公司对理赔质量管理的要求比起来，中国人保的理赔质量管理目标还有一定的差距（如发达国家保险公司更加注重更为外化性的客户的满意度指标、理赔质量意识和文化的培养、程序上的差错率等），但毕竟中国人保首开了中国保险业追求理赔质量管理的先河，只要持之以恒，一定会形成一套更为科学、完善的理赔质量管理体系。

3. 相互牵制。只有建立以职能、职权分离为基本内容的相互牵制，内部控制制度才能在遏制和防范保险欺诈中发挥更为有效的作用。单就车险理赔来看，就存在着现场查勘—定损理赔—欺诈调查—复查监督等方面的相互牵制，每一个环节出现问题，都会给下一个环节带来严重的影响。这就要求我们在理赔业务中贯彻上一个环节对下一个环节负责，下一个环节对上一个环节监督的思路，才能在理赔业务中形成真正实在有效的内部控制制度。

4. 专业调查。近年来，车险欺诈正呈现出越来越专业化、高级化和集团化的发展趋势，要有效地防范车险欺诈，设立专业的特别调查机构对车险欺诈的形态进行跟踪研究，专门负责对重大疑难案件的调查，是发达国家大型保险公司的普遍做法。特别调查机构的主要职责是对理赔业务中发现的疑难车险案件进行调查，配置的人员主要是具有丰富的汽车保险查勘、定损经验的专业人士和一些具有丰富的案件调查取证经验的专业人士，他们负责对所提交的疑难案件进行专业化的调查，并向理赔部门负责人提交最终的调查报告，由理赔部门负责人最后决定该起赔案的最终处理结果。

5. 信息交流。充分的信息交流可以实现信息在不同岗位、不同部门之间的传递，通过对不同渠道间取得的信息的汇聚、配对和印证，可以有效地发现各类隐藏的车险欺诈。就保险公司内部而言，车险查勘定损系统可以自动地将一年内出险六次的投保人编入黑名单，将一年内出险三次的投保人编入灰名单，这些信息可以通过多界面共享技术与承保部门共享，从而有利于承保部门把好风险关。就保险行业来说，如果每家保险公司都按照一定的标准将有关理赔、承保的信息传递给行业的一个信息中心（如美国的 ISO），通过行业性数据的共享和挖掘，就可以识别单个保险公司无法识别的团伙欺诈。

6. 审查监督。再好的制度也需要监督，从防范车险欺诈的角度看，审查监督的内容是多方面的。首先，保险公司的内部审计部门负有对车险理赔、承保内控制度的审计监督。车险理赔、承保部门制定的理赔、承保制度只有经过内部审计部门不断的压力测试，才可能变得更为有效和完善。其次，要加强对业务质量的监督，对承保、理赔和调查等工作的业务质量要进行经常性的监督检查，检查的方式可以多样化，如自查、交叉检查(cross - checking)、上级对下级的抽查、监察部门的检查等等。最后，还要有对业务人员的监督检查，要通过对业务人员业绩的定期、不定期考核和举报等方式，及时发现业务人员中可能存在的违法、违纪行为，尽早采取批评教育、督促改正等措施加以防范。

7. 人员激励。发现和识别车险欺诈，不能仅靠特别调查机构，必须发动和调动保险公司所有员工的积极性。有些员工所从事的可能是后勤性的工作，与承保、理赔关系不大，但如果他思想上有防范车险欺诈的意识，他也会多留意有关汽车修理厂、医疗机构、交通警察、新近发生的道路交通事故等方面的信息，这些信息也可能会对调查人员识破车险欺诈有一定的帮助。对承保、理赔第一线的员工来讲，对其所采取的任何有关提高业务质量方面的激励措施都会对车险欺诈的防范起到直接的作用。

第三节　理赔业务流程优化与车险反欺诈

近年来，国内财产险公司在企业改制的过程中逐步实现了业务流程的再造，这主要体现在两个方面：首先，在公司组织层面，改变了原先按照险种设置管理部门的做法，改按保险业务流程的不同环节来设置管理部门。公司总部将原有的分险种设置的部门，整合为运营部门和非运营部门，运营部门以业务流程、客户为主线，设立了承保、理赔、再保险、个险、团险、客户服务等不同的部门，按照业务流程分别担当不同的职责。

其次，在全系统业务处理层面，也即在地市级分公司层面设立了集承保、理赔/客户服务、财务中心为一体的业务处理平台。这里我们首先从车险反欺诈的角度探讨现行财险公司理赔业务流程的不足之处，接下来再对改进理赔业务流程的思路进行探讨，最后再给出优化现行理赔业务流程的具体对策。

一、现行理赔业务流程的不足之处

现行财险公司地市级分公司的理赔业务流程如图4－3所示，该理赔业务流程的设计主要是解决地市级公司和县支公司的业务分工问题，强调的是同城范围内理赔业务的集中处理，对非同城支公司的理赔业务继续实行授权管理，这使得现行财险公司的理赔业务流程的主要内容是有关业务处理的权限归属问题，对有关业务质量和车险欺诈防范方面的考量不多。从防范车险欺诈的需要来看，现行财险公司地市级分公司的理赔业务流程存在如下两个方面的不足：

1. 现行理赔业务流程是一种职能加权限的流程设计，缺乏对理赔业务质量管理方面的管控。从流程图中的决策点来看，主要有："是否同城范围内出险"、"是否超权限"、"是否同城支公司承保业务"和"是否医疗审核"等四项，共出现六次。除是否医疗审核外，其余决策点全部属于理赔权限和分工问题，这使得现行的埋赔流程实质上是一种变相的职能管理，缺乏对理赔业务的质量方面的管控，也就难以起到遏制和防范保险欺诈

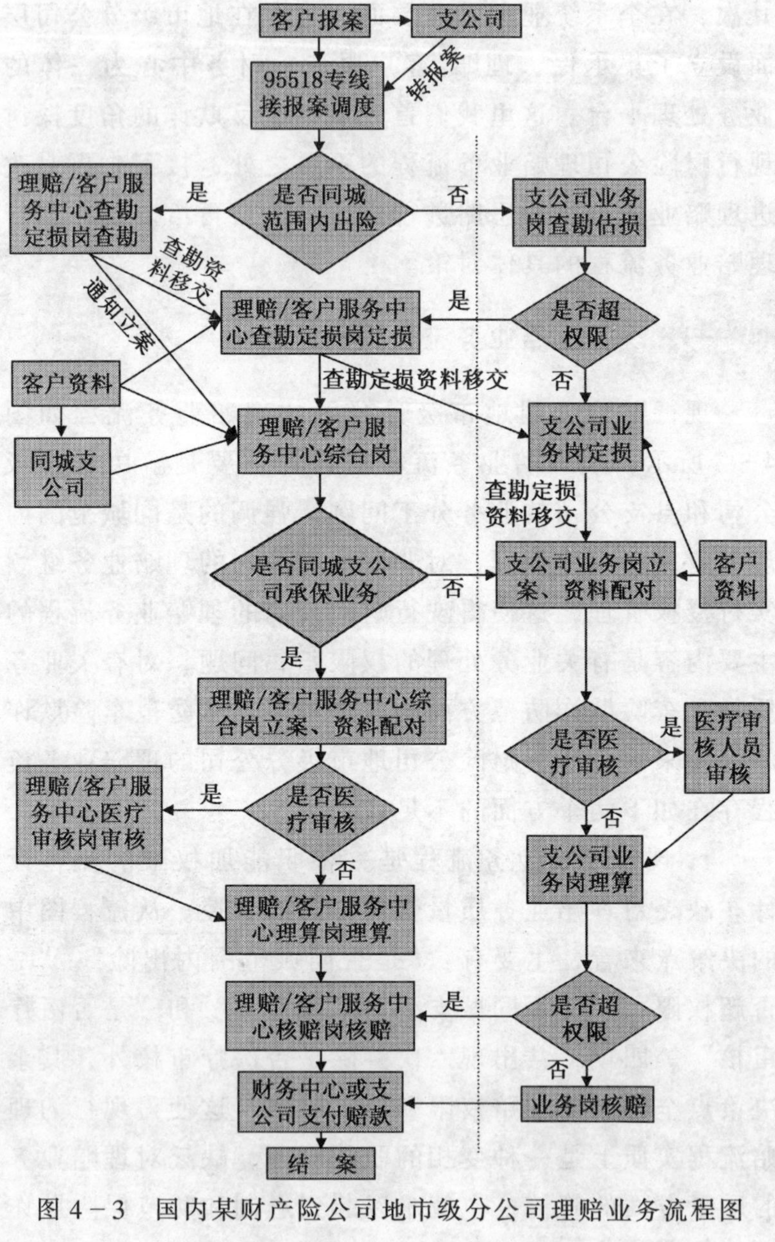

客户报案
支公司
转报案
95518专线接报案调度
是否同城范围内出险
是
否
理赔/客户服务中心查勘定损岗查勘
支公司业务岗查勘估损
查勘资料移交
通知立案
是否超权限
是
否
理赔/客户服务中心查勘定损岗定损
客户资料
查勘定损资料移交
理赔/客户服务中心综合岗
支公司业务岗定损
同城支公司
查勘定损资料移交
是否同城支公司承保业务
否
是
支公司业务岗立案、资料配对
客户资料
理赔/客户服务中心综合岗立案、资料配对
是否医疗审核
是
否
医疗审核人员审核
是否医疗审核
是
否
理赔/客户服务中心医疗审核岗审核
理赔/客户服务中心理算岗理算
支公司业务岗理算
是否超权限
是
否
理赔/客户服务中心核赔岗核赔
业务岗核赔
财务中心或支公司支付赔款
结　案

图 4－3　国内某财产险公司地市级分公司理赔业务流程图

的作用。

2. 现行的疑难案件调查工作流程基本上没有起到遏制和发现保险欺诈的作用。现行的理赔业务流程图中并没有有关防范保险欺诈案件的调查处理程序，只在理赔/客户服务中心主要业务工作流程图中列有疑难案件调查工作流程图（见图 4-4），现行的疑难案件调查工作流程只是将疑难案件分为外部、内部两类，对涉及内部人员的虚假赔案由纪检监察部门调查处理；对外部人员实施的虚假赔案则可交经办人员或组成调查小组办

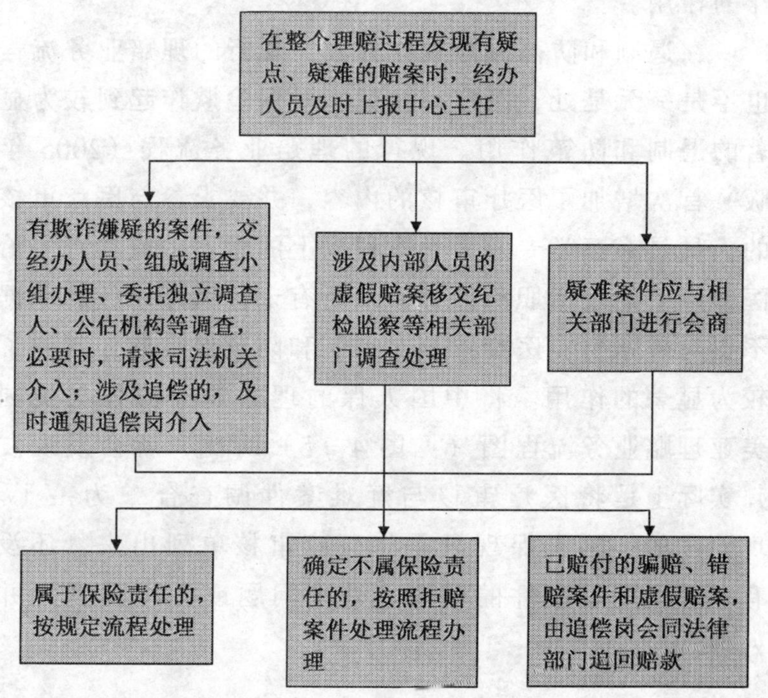

图 4-4 国内某财产险公司疑难赔案调查工作流程图

理，或委托独立调查人、公估机构等社会中介进行调查，必要时，请求司法机关介入、涉及追偿的，及时通知追偿岗介入。由于没有设立专业的特别调查机构，虽有“在整个理赔过程发现有疑点、疑难赔案时，经办人员及时上报中心主任”这样的规定，似乎所有的理赔人员都对保险欺诈保持高度警觉，由于缺乏相应的训练和奖惩措施，大量的疑难案件被轻易放过，再考虑到地市级公司追偿岗的平均人数不到 2 人的现状，疑难案件理赔程序基本处于睡眠状态，没有起到遏制和发现保险欺诈的作用。

在遏制和防范保险欺诈方面，现行的理赔业务流程也不是一无是处，医疗审核就能对保险欺诈起到较为显著的遏制和防范作用。现行的理赔业务流程（2005 年版）首次增加了医疗审核的内容，并要求参与医疗审核的人员具有医学专业大学本科以上的学历，或具有主治医师以上的技术职称，并要求所有未经医疗审核的单据不得对外赔付，医疗审核对遏制和防范保险欺诈起到了较为显著的作用。将中国人保的理赔业务流程与美国美亚理赔业务流程图（见图 4－5）对比，就会发现友邦实际上是将医疗审核与疑难案件调查合二为一了。现阶段的中国人保现只是将医疗审核单列出来，还没有考虑到疑难案件的调查、处理问题或者将两者合并处理。

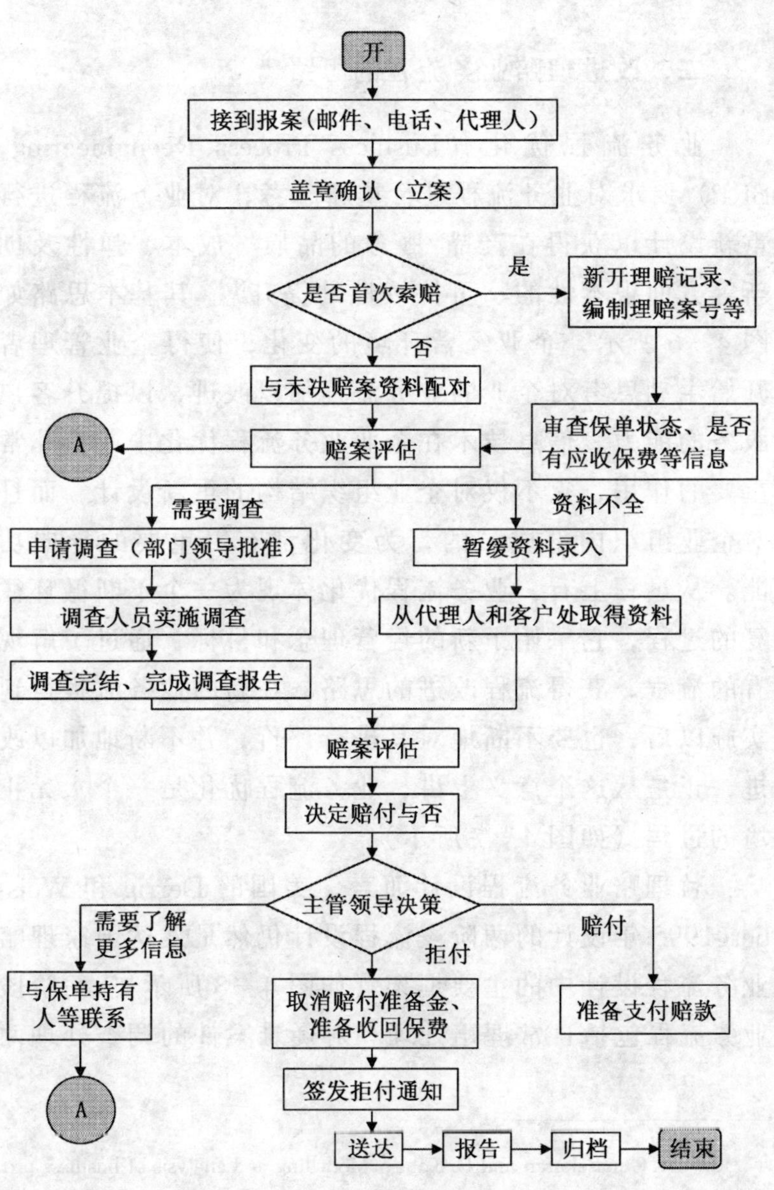

图 4－5　美国美亚理赔业务流程图

二、改进理赔业务流程的思路

业务流程优化（Business Process Reengineering，BRP）要求对业务流程进行重新思考，对业务流程进行重新设计以获得在产品/服务的品质、成本、弹性及创新等方面根本性的、可持续性的提升[①]。其基本思路如图4-6所示，企业经营环境的变化，使得企业管理者开始主动思考对企业的业务流程加以改进，以提升客户服务的能力。信息技术在企业业务流程优化中起着非常重要的作用，它不仅对企业组织结构的重新设计，而且对企业组织内部成员的行为变化都有着重要的导向功能。从过程上看，业务流程优化体现为一个不断循环往复的过程，它肇始于新的经营理念和目标，通过了解现有的流程，获得流程改进的思路，在新的业务流程得到实施以后，也要不断地对其进行评价，并不断地加以改进，正是从这个意义上讲，业务流程优化是一个永无止境的过程（如图4-7所示）。

就理赔业务流程设计而言，美国的Derrig和Weisberg1995年设计的两阶段流程设计仍然是发达国家理赔业务流程设计中的主要框架（如图4-8所示）。两阶段业务流程包括日常理赔处理和对疑难案件的调查处理两

① A.Gunasekaran and B.Kobu，Modelling and analysis of business process reengineering，*International Journal of Production Research*，2002，Vol.40，No.11，2521-2546.

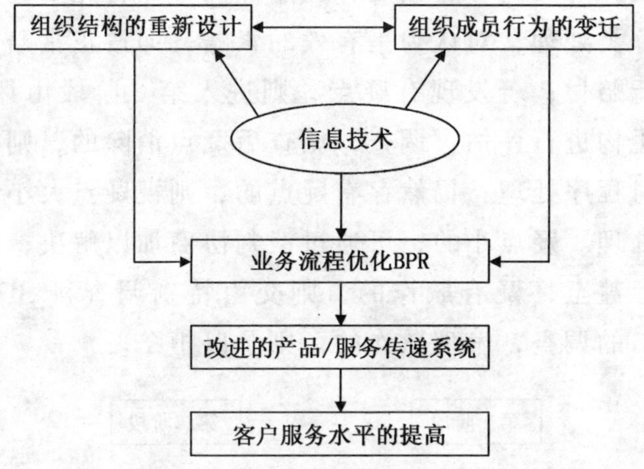

图 4－6　业务流程优化示意图

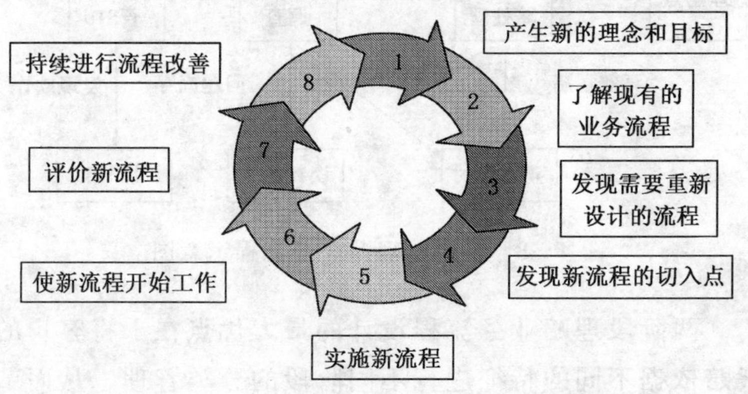

图 4－7　业务流程优化循环示意图[①]

① Maria Vakola, Exploring the Relationship between the Use of Evaluation in Business Process Re－engineering and Organisational learning and Innovation, *Journal of Management Development*, Vol.19, No.10, p.812－835 at p.818.

个阶段，对任何一起索赔，理赔部门都是首先要经过简单的分类处理，对认为是有效的索赔，即按正常赔付程序进行赔付；若发现有疑点，则进入第二阶段由评估/调查机构进行评估、调查，调查后疑点消除的，则按正常赔付程序处理；仍然存有疑点的，则视疑点大小分别进行处理。疑点小的，可通过谈判协商加以解决；疑点大的，甚至怀疑有欺诈的，则交由特别调查科 SIU 进行专门的调查，发现欺诈的，则予以拒赔。

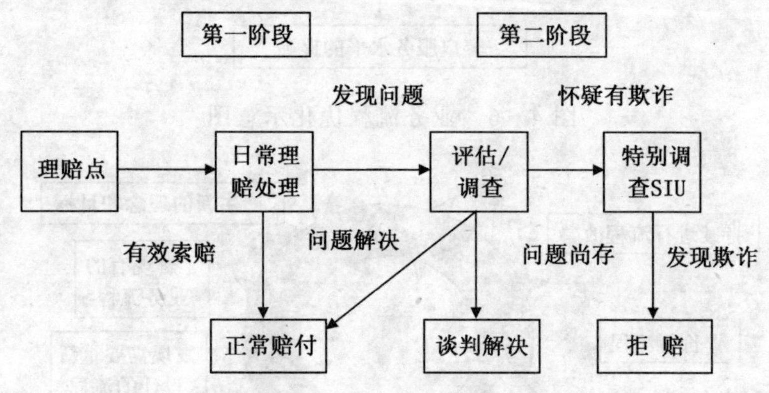

图 4－8　两阶段理赔业务流程示意图

两阶段理赔业务流程设计的最大优点在于将客户的索赔依据不同的特征进行不同阶段的分类管理，从而节省了理赔处理时间并提高了理赔效率，因而成为发达国家保险公司理赔业务流程设计的主要思路（如美国友邦的理赔业务流程设计）。随着理赔业务流程处理的日益电子化，数据挖掘技术（Data Mining）日益替代人工成为理赔分类的重要手段，理赔业务流程的两阶段设计逐步在向数据挖掘前和数据挖掘两个阶段转变。数据挖掘前处理流程（Pre-Data Mining）如图4-9所示，理赔人员仍然是依据一些主观的特征分类，将客户的索赔分为真实索赔和目标索赔，对前者理赔部门应当按照正常赔付程序予以赔付；目标索赔一般是有疑点的赔案，需要进一步进行分析。对于数据挖掘前处理的内容则如图4-10所示，即由理赔人员对客户的索赔做一些简单的特征分类，如索赔金额低于5000元且有详细的警检报告的人伤赔案；三年内首次索赔，价值在1000元以内等，据此将客户的索赔区分为正常赔付和目标索赔。

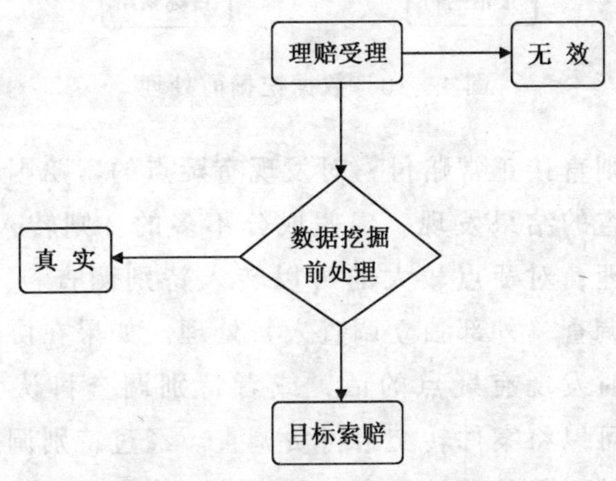

图4-9　数据挖掘前处理流程

在引入数据挖掘以后，第二阶段的理赔业务流程如图4-11所示。对上一阶段获得的目标索赔，经过数据挖掘处理以后，即进入正常理算程序，对没有发现疑点

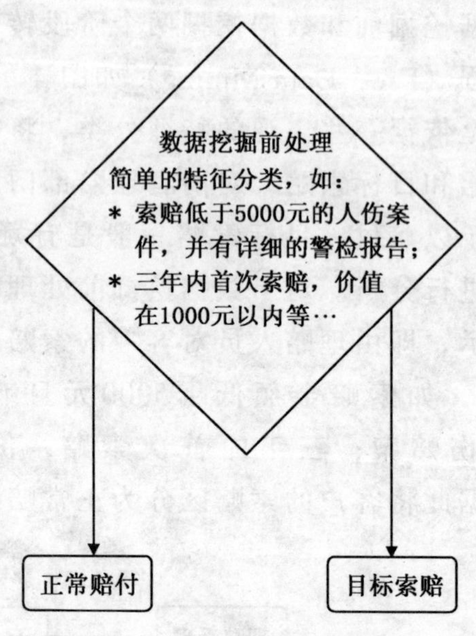

图 4－10　数据挖掘前处理

的问题则直接正常赔付，对发现有疑点的索赔则转入调查。调查的结果发现，虚假成分不多的，则转入协商、赔付处理；对疑点较大的可以转入特别调查科（SIU）或付费调查（外部独立调查人）处理。如果在协商、赔付处理时发现有疑点的话，或者特别调查科认为必要时，还可以将案件转交给付费调查。经过特别调查科调查的案件一般处理结果有三种：一是协商、赔付；二是转入民事诉讼程序，请求赔偿保险人的损失；三是提起公诉，作有罪或无罪处理。

图 4－12 对数据挖掘的处理过程作了一个简单的示意。一般来说，进行数据挖掘首先必须拥有一个较为完

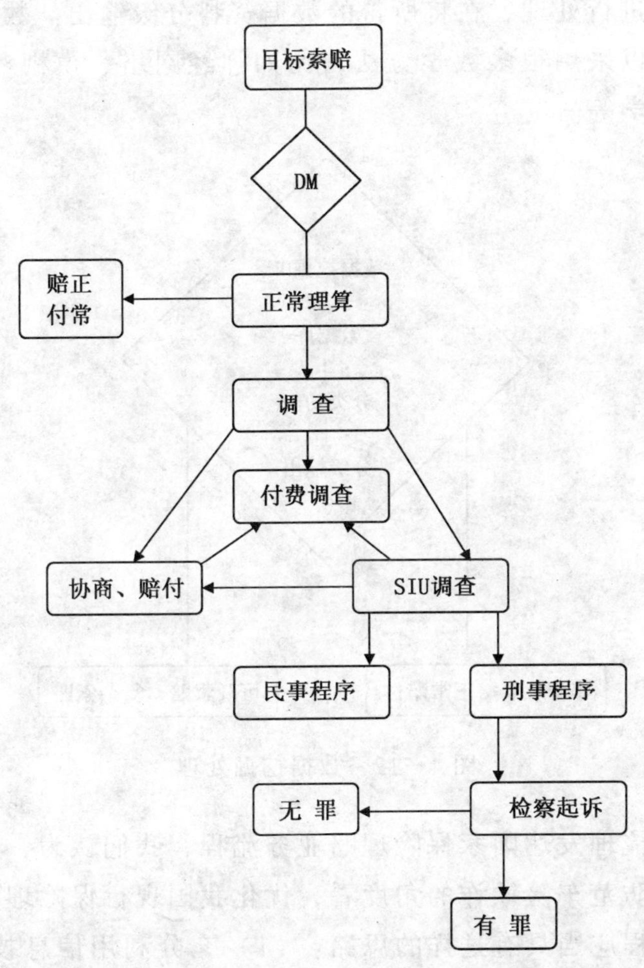

图 4－11　含数据挖掘的第二阶段理赔业务流程

整和完备的数据库，这是进行数据挖掘的前提，这个数据库的建设对保险公司尤其是大型财险公司来说，并不困难。对数据库中的数据可以采用具有分类功能的计量方法进行处理，在将所得的数据资料分级输出。数据挖掘可以采用很多数学方法，比如神经网络、模糊逻辑、遗传学等。

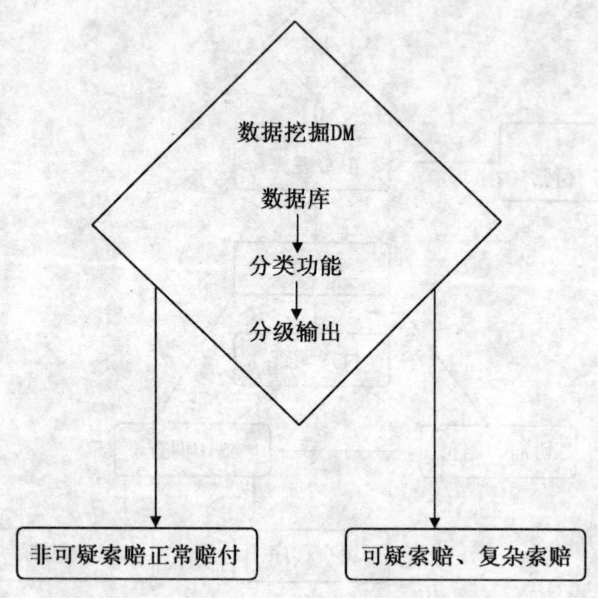

图 4－12　数据挖掘处理

梳理发达国家保险理赔业务流程，我们认为，从遏制和防范车险欺诈的角度看，优化我国现行保险理赔业务流程应当具有这样的思路：(1) 充分利用信息技术。信息技术是优化理赔业务流程的重要载体和手段，任何偏离和不重视信息技术的做法都是不正确的。(2) 引入两阶段理赔业务流程设计。现阶段中国人保的理赔业务流程是按照权限和职能划分的，虽然有是否需要医疗审核这样的决策点，具备了两阶段理赔业务流程的雏形，但这是建立在权限划分的基础之上的，可以以此为基础引入两阶段理赔业务流程设计。（3）引入数据挖掘环节。凭借现代信息、计算技术，数据挖掘环节在反击车险欺诈方面具有很强的优势，现在虽然有些企业开始引入车险黑名单、灰名单制度，但这与真正意义上的数据挖掘还有很大的差距。（4）引入特别调查机构。专业和专门化的特别调查机构的存在，不仅对那些想趁机实施车险欺诈的人来说是个威慑，而且也会大大提高保险公司发现和识破车险欺诈的能力。

三、引入车险反欺诈后的理赔业务流程

根据前述优化现行理赔业务流程的思路，我们提出在理赔/客户服务中心设立特别调查科（岗），引入两阶段理赔业务流程设计，据此将现行的理赔业务流程调整如图 4－13 所示。引入 SIU 后的财产险公司理赔业务流程对现行的理赔业务流程的改进主要表现在：一是设立了专门的特别调查科（岗），专门负责对疑难案件的调查。二是疑难案件的调查成为理赔业务流程中的一个日常性的环节。在现行的理赔业务流程下，疑难案件的调查并没有纳入日常的理赔业务流程，只是作为一种例外处理。三是引入了两阶段理赔业务流程设计。首先要由理赔/客户中心的综合岗在立案、资料配对时审查看是否发现异常，如果有异常的话再进一步审查看是否提交特别调查科（岗）进行调查，完成调查后再转入理赔/客户中心的理算岗理算。

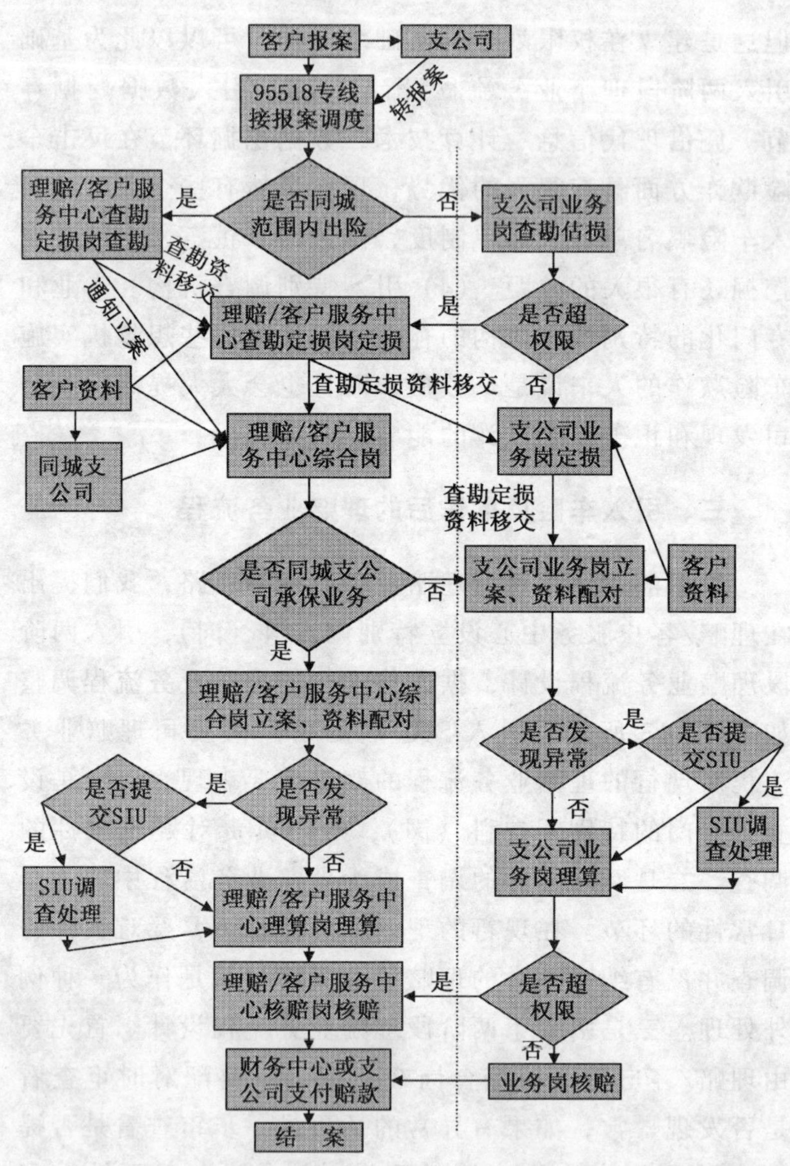

图 4－13　引入特别调查机构（SIU）后的国内某财产险公司理赔业务流程图

特别调查科（岗）不仅负责车险业务，而且还负责其他险种的反欺诈调查，图4－14给出了特别调查科

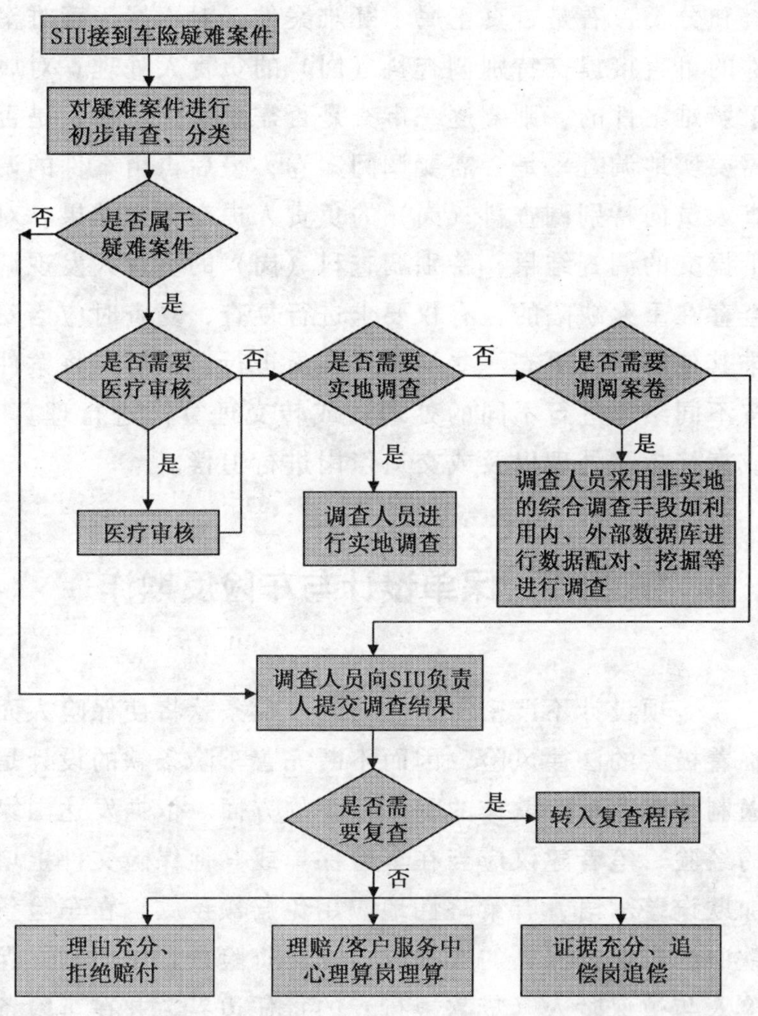

图4－14　特别调查机构（SIU）的车险反欺诈调查业务流程图

（岗）有关车险反欺诈的调查业务流程。特别调查科（岗）接到车险疑难案件后，首先要对其进行初步的审查和分类，看是否真正属于疑难案件，对不属于疑难案件的可直接提交特别调查科（岗）的负责人处理；对属于疑难案件的，则要逐一审查是否需要医疗审核、是否需要实地调查、是否需要调阅案卷，最后再由案件的调查人员向特别调查科（岗）的负责人提交调查结果。对于提交的调查结果，特别调查科（岗）的负责人发现调查存在重大缺陷的，有权要求进行复查，复查时应当安排其他的资质更高一些的调查人员进行。最后再将案件按不同结果进行不同的处理：或转交理算岗进行理算、或直接拒赔处理以及或交追偿岗进行追偿。

第四节　保单设计与车险反欺诈

一项设计不严密和不周全的车险条款将使保险人面临着极大的法律风险，因而不断完善车险条款的设计是遏制和防范车险欺诈的一个重要的方面。依据发达国家的经验，笔者建议应当在车险保单或其他保险文件上增加欺诈警示语，有策略性地应用免赔额条款，在车险条款中约定好投保人的选择权，在车贷险条款中明确好保险人与被保险人（贷款银行）的责任边界，并在车险条款中就信息保密的范围做出约定等。

一、欺诈警示语

欺诈警示语（fraud warning）指的那些告知保险欺诈是违法犯罪行为，应当受到惩罚的具有一定警示作用的语句。警示语可以印制在要保单、保单或者理赔单证的某个显著位置，一方面可以起到提示客户不要采取欺诈或欺骗性的手段以骗取保险金的作用；另一方面也可以对那些蓄意进行保险欺诈的客户有一定的威慑作用。

按照强制性程度的不同，美国的欺诈警示语一般有三种形式：强制性的（mandatory）、许可性的（permissive）和自愿性的（voluntary）。前两种都是由保险法直接加以规定的，如《加州保险法典》第1871.2节就规定："为保护您的利益，加州法律要求下列句子必须印在理赔单上：任何有意提交虚假或欺诈性的索赔的人都是有罪的，可能受到罚款或在被监禁在州监狱的处罚。"这里规定的警示语就是法定的、强制性的，强制性的警示语必须一字不差地印在法律所规定的文件上。许可性的欺诈警示语其内容是法律所允许的，但具体如何表述则可以由保险公司斟酌的，如《加州保险法典》第1871.3节就规定："汽车盗抢险的理赔单上必须包含这样的内容：作虚假陈述的被保险人将受到惩罚或以伪证论处。"这里的警示语就是许可性的，保险公司只要不违反该警示语的基本内容和要求，就可以自己选择适当的表达方式。自愿性的警示语是完全由保险公司自己决定是否采用及如何采用，它可以是带有威慑力的句子，告诫人们不要以身试法。在一项对伊利诺斯州消费者的调查显示，有超过一半的受访者认为在要保单、保单和理赔单上印制带有重罚性的警示语对保险欺诈行为具有较好的遏制效果。有高达70%的受访者认为州监管部门应当要求将警示语印在要保单上，有80%的消费者认为警示语应当印在理赔单上①。

借鉴美国通过立法要求在要保单、保单或者理赔单的显著位置印制欺诈警示语的做法，一方面立法部门、保险监管部门、保险行业协会可以考虑在有关的立法、规章和行业规定的制定过程中对车险欺诈的警示语进行必要的规范；另一方面在相应的立法规范没有出台之前，我国的保险公司可以考虑根据相关的法规在要保单、保单或者理赔单的显著位置印制一些欺诈警示语。现阶段保险公司在保单或其他保险单证上印制警示语的行为属于企业自愿行为，措词一定要注意合法性。笔者建议，经营车险业务的保险公司应当在主险要保单、保单、理赔单的显著位置增加欺诈警示语，在一些容易发生欺诈行为的附加险如盗抢险、车上人员责任险、特种车辆固定设备、仪器损坏扩展条款等的有关单证上也应当增加欺诈警示语。

---

① Han B. Kang, Fighting Insurance Fraud in Illinois: Insurers, Regulators, and Consumers, *CPCU Journal*, Winter 2001, p198 - 212. at p.200 and p.202.

根据保单语言通俗化的要求，在要保单上可以考虑的欺诈警示语有：根据《保险法》的有关规定，您对我们的询问有任何故意不配合、不真实的回答的，都是违法行为，我们有权解除本合同，并不退还您已经缴纳的保费；在保单上可以采用这样的欺诈警示语：本保单是以您对我们询问所作回答为基础订立的合同，在您的车辆出现危险程度增加的情况下，您仍然需要通知我们。您的任何不真实的回答以及在出现危险程度增加的情况下的不通知我们的行为，都是违法的，请您对您自己的行为负责，在发生上述情况时我们不承担赔付责任，并保留对由于您的违法行为所造成的损害的追偿权；在理赔单上可以选择使用这样的警示语：尊敬的顾客：您好！我们对您所遭受的不幸深表同情，为尽快帮助解决您所出现的各种困难，我们真诚地提醒您注意如下理赔事项，并请严格遵守：任何以虚假、编造的证据、事故，夸大车辆修理费、医疗费等不真实行为实施的要求我方赔付的行为，都是违法的，情节严重的，触犯刑律的，将要承担刑事责任。

二、免赔额

从理论上讲，保险人和投保人总是处于欺诈和反欺诈的博弈之中，欺诈有收益也有成本，反欺诈需要成本支出也能获得收益。按照经济人的假定，保险人和被保险人在不完全信息的动态博弈中会达到一个均衡，在这个均衡点上双方的策略处于最优，这时的保险合同也是最优保险合同——部分保险[①]。基于保险人和投保人双方最优博弈策略的保险合同形式不可能是足额保险，而只能是部分保险，其原理在于使得投保人和保险人共同承担保险标的的风险损失，以此来遏制和减少投保人的欺诈行为。一般而言，投保人承担的部分越大，其实施保险欺诈的动因和可能性就越小。这一原理在车险产品设计中的应用就是大量采用绝对免赔额、相对免赔额（率）和不足额保险三种方式。

绝对免赔额指的是保险人无条件免赔的部分，如中国人保 2004 年 10 月份推出的 500 元绝对免赔额，也即发生任何保险事故损失在 500 元以下的部分保险人一律不予赔付；在采用相对免赔额（率）的情况下，一般规定发生损失后保险人只负责赔付一定比例的损失如 80%等，对超过该比率以上的部分则由投保人自己承担；不足额保险也即保险人只对财产市场价值以下的部分承担赔偿责任。部分保险的应用要讲究策略，否则极有可能引起消费者的反感。根据国外保险公司的经验，要运用好绝对免赔额策略，一要注意做好宣传和消费者教育活动；二要设不同档次的免赔额供消费者选择。

---

① Keith J. Crocker and Sharon Tennyson, Insurance Fraud and Optimal Claims Settlement Strategies, *the Journal of Law and Economics*, 2002 October, p.469 - 507. at p.476 - p.481. 刘喜华、金加林："保险欺诈博弈与基于最优博弈策略的保险契约"，《系统工程理论与实践》，2004 年第 2 期，第 23 页。

为了不引起消费者的强烈反应，在引入绝对免赔额的前期，一定要加强对消费者的宣传和教育工作，以争取消费者的理解和支持。据笔者的初步整理，国外保险公司对绝对免赔额的宣传一般有这么三类。

一是说教式，例如，有的公司就明确告知消费者，消费者要求的免赔额越低，保费就会越高，因为低的免赔额意味着几乎每次发生交通事故，保险公司都必须对肇事车辆进行查勘、定损、赔付，这样花费的成本很高，因而保费也就相应要高一些。他们建议客户在投保时，多问问保险公司，计算一下选择高免赔额与低免赔额之间的区别。

二是理财顾问式，有的保险公司是将免赔额被当着节约保险费开支的一种理财方法来介绍的（lower your insurance costs），如将免赔额从 200 美元提高到 500 美元，就可以节约保险费 15%～30%，选择 1000 美元的免赔额就可以节约保费 40%，但保险公司同时提醒客户注意，在选择高免赔额时要留有足够的钱来打点可能出现的各类开支。

三是参谋式，如有的保险公司分别将 250 美元和 500 美元两个档次的绝对免赔额，在三个年头中的收益情况进行对比，在 250 美元绝对免赔额的情况下，假定消费者 A 的年保费支出是 1000 美元，而在 500 美元绝对免赔额的情况下，假定消费者 B 的年保费支出是 800 美元。如果在第一年内就发生交通事故的话，那么消费者 A 所要承担的支出就是 1250 美元（1 年保费加维修费），消费者B的就是1300美元；如果在第一年没有事故，第二年内发生事故的话，消费者A承担的支出是2250美元（两年保费加维修费），同理消费者B所要承担的支出就是2100美元；如果第三年发生事故的话，消费者A的支出就是3250美元，消费者B的支出就是2900美元；如果第四年发生事故的话，消费者A的支出就是4250美元，消费者B的支出就是3750美元，时间越长，两者间的费用差距越大，因而免赔额的推出实际上是鼓励了理性消费和安全驾驶，真正做到了优质优价、劣质劣价。保险公司用这样形象的例子来帮消费者分析、计算，确定适合自己的保险方案。

国外保险公司在推出绝对免赔额条款时还注意同时推出数个不同档次的绝对免赔额供消费者选择。在美国常见的绝对免赔额有250、500和1000美元三个档次；欧洲的保险公司通常提供150、300和800欧元三个档次的绝对免赔额。通常的情形是，绝对免赔额的档次越多，消费者对免赔额概念的理解就越全面，绝对免赔额条款也就越能获得消费者的理解与支持。

三、车险设计中的选择权条款

为了有效防止车险欺诈，不少保险公司开始在一些城市设立自己的集中定损中心，凡是在本公司承保的事故车辆都必须进入定损中心进行定损，然后再自行找修理厂修理。部分城市如厦门，在2004年6月由公安交警支队和厦门市保险行业协会联合启动由四家财产保险公司共同运作的“保险事故车辆拆检定损中心”。[①] 集中定损中心的设立有利于纠正事故车辆定损标准化程度低、分散定损水分大的弊端，但也隐藏着违反客户意愿、侵犯消费者自主选择权的法律风险。

如何在车险条款设计中较为有效地解决这个问题？笔者以为，保险公司应当依据《合同法》第39、40条有关格式条款的规定，在车险条款上明确规定，事故车辆原则上可以到别的车辆定损中心定损，但保险公司保留对其定损结果的核准权；或者对同意在本公司车辆定损中心定损的投保人在投保时予以一定的保费优惠，以吸引投保人在事故发生时到本公司的车辆定损中心进行定损。

四、车贷险条款中的责任边界

保险公司在车贷险欺诈中之所以经常居于不利地位，其中一个主要的原因就在于保险人和被保险人（贷款银行）的责任边界没有得到明确的规定。一旦法院将保证保险合同认定为担保合同，保险公司就只能就下列事项进行抗辩：(1) 分支机构不具有对外担保的权限；(2) 从现有法律法规来看，保险公司分支机构对外作出的担保承诺是无效的；(3) 援引银行内部有关规定，指出银行审核担保过程中的过错是造成合同担保无效的主

① 罗建平：“厦门启动事故车辆拆检定损中心”，《中国保险报》，2004年6月8日。

要原因[①]。

在如何遏制车贷险欺诈方面，大连人保的一起案例引发了作者许多思考。2004 年下半年，中国银行大连星海湾支行等银行开始陆续就未办理抵押的贷款车辆出现逾期还款事宜将大连人保诉之法院。一审法院认为，保证保险合同就是担保合同，银行不受保证保险条款的约束，保险公司应依照《担保法》有关规定承担连带保证责任，即使银行未履行办理抵押的义务也不能免除保险公司赔偿责任。尽管银行没有履行抵押义务，但这并不能作为保险公司拒绝赔付的理由。大连人保不服，向大连中级人民法院提起上诉。大连中院经审理认为，机动车消费信贷保证保险合同案件应当适用《合同法》和《保险法》，合同双方受《保险法》和保险合同的约定，银行不履行义务，保险公司按照双方约定免予承担赔偿责任，于 2005 年 4 月 16 日判决大连人保胜诉[②]。

这起案例告诉我们：在车贷险条款中规定清楚保险公司和贷款银行的责任边界对于有效防范车贷险欺诈具有十分重要的意义。姑且不论法院怎样评说车贷险是不是担保，只要在车贷险条款中明确规定了在银行存在过错的情形下，保险公司当免除赔偿责任的条款，法官面对当事人的合法约定，他又怎会做出不利于保险公司的

① 中国人保机动车辆保证保险清收办公室：《车贷险清收简报》，第 31 期，2005 年 6 月 27 日。

② 方磊："大连车贷案保险公司胜出，风险共担是车贷险健康发展保证"，《中国保险报》，2005 年 6 月 3 日。

判决呢？在实践中银行存在过错的情形有多种：银行审贷不严（如对借款人的资信没有调查、借款人使用的是虚假文件或存在其他明显的欺诈行为等）、银行违反程序先贷款，投保人后投保、银行没有履行抵押义务等。这些都可以成为保险公司应对贷款银行的有效抗辩理由。

五、车险条款中的信息保密范围

《保险法》第32条规定了保险人对于在办理保险业务中知道的投保人、被保险人和受益人的业务和财产情况及个人隐私，负有保密义务。在车险反欺诈中，有关投保人、被保险人、受益人和标的车辆的信息对于识别和防范车险欺诈具有重要的作用，现在国内一些保险公司也开始采用黑名单、灰名单的做法来遏制车险欺诈。在相关立法没有到位的前提下，应该说仅限于本公司内部使用的黑、灰名单并不构成对《保险法》第32条保密义务的违反。但如果要进一步扩大有关保险信息的使用范围或改变信息使用的目的，则至少应当在保单或其他保险文件中予以约定。可供选择的方式包括在要保单、保单和理赔单的条款中约定：除非经特别约定，凡在木公司投保的投保人均同意保险人有权利使用本保单项下的投保人、被保险人、受益人和标的车辆的有关信息用于防范保险欺诈，保险人利用上述信息从事其他活动，应当征得投保人、被保险人和受益人的书面同意。

第五节　我国保险公司建立特别调查机构的设想

设立特别调查机构（Special Investigation Unit，SIU）是发达国家保险公司反击保险欺诈的普遍做法。截至到2003年8月，美国50个州中就有47个州要求保险公司就有关保险欺诈事项向保险监管部门（州保险部）报告，11个州通过了要求在保险公司设立特别调查机构的立法，迄今美国2/3以上的保险公司和几乎所有的大型保险公司都设立了特别调查机构，专门用于反击保险欺诈。在我国只有中国人保深圳分公司设有类似的调查机构，并取得了一定的成效。借鉴美国的经验和中国人保深圳分公司的实践，笔者以为，在我国经营车险业务的保险公司应当设立自己的特别调查机构，用于反击车险欺诈，以下将着重就特别调查机构的体制、职责、基本管理制度等问题进行探讨。

一、特别调查机构的体制

在我国设立特别调查机构，首先需要解决的就是体制问题，特别调查机构的体制问题主要有这样三个方面：

1. 设立特别调查机构是否是构成保险公司的法定义务？美国的保险公司设立特别调查机构可能是出于法

定的要求，也可能是出于自身经营的需要。如加州的保险法典就要求每一个在该州开业的保险公司都必须设立自己的特别调查机构，在该州经营的保险公司负有设立特别调查机构的法定义务。但多数州的立法并没有给保险公司规定必须设立特别调查机构的法定要求，这些州的保险公司尤其是一些大型保险公司设立特别调查机构的目的是出自经营上的需要：节约成本；加强管控；树立社会形象等。

笔者以为作为最佳的选择，应当通过相应的行政法规或部门规章要求在一定业务规模以上的保险公司必须设立特别调查机构，这些设在具有一定业务规模以上的保险公司内[①]的特别调查机构和保险监管部门内的反欺诈机构应当成为我国反击保险欺诈的主要力量。在现阶段，保险监管部门和行业协会应当采取措施鼓励保险公司设立特别调查机构，大型保险公司尤其是在海外上市的大型保险公司应当率先设立特别调查机构。在海外上市的大型保险公司率先设立特别调查机构有三个方面的优势：一是采用国际通行做法，标志着企业管理水平的提升；二是在国内倡导先进的经营理念，有利于提高公司的社会形象；三是有助于改善经营，提高盈利水平。

2. 特别调查机构设在、设到哪一级公司。作为专

① 《纽约州保险法典》第86.6节规定在该州年销售保单超过3000张以上的保险公司都必须设立特别调查机构。参见，Section 86.6 - Fraud Prevention Plans and Special Investigation Units.

业性的特别调查机构不同于经营机构，也不完全等同于管理机构，这个机构应当设在理赔部，还是法律部，抑或是单独设立，是仅设在总公司还是只设在全国部分分支机构，这些都是我们需要进一步考虑的问题。以下笔者将结合国外的实践和我国的具体情况，谈谈自己的一些看法。

（1）我国的特别调查机构以设在理赔管理部比较合适。从表4－3可以看出，美国非寿险公司的特别调查机构以设在理赔部门为主，寿险公司的特别调查机构则是在公司层面和理赔部门有相当的分布。从非寿险公司的情况来看，有32％的公司特别调查机构是设在理赔

表4－3　美国非寿险公司和寿险公司特别调查机构的基本情况

		非寿险公司	寿险公司
平均专职员工		16	8
年均预算		$1365500	$956900
SIU的设置			
	公司层面	43％	40％
	理赔部	32％	40％
	理赔一线	16％	0％
	法律部	3％	10％
	独立部门	6％	10％
	按险种设置	43％	30％

资料来源：Conning & Company，Insurance Fraud，the Quiet Catastrophe，1996.P98.

部的，另有16%的公司的特别调查机构是设在理赔一线的，两者合计占到48%，设在公司层面的有43%。中国人保深圳分公司的特别调查机构也是设在理赔中心。另外从我国保险欺诈的分布来看，虽然承保环节也存在着保险欺诈，但更多的保险欺诈还是出现在理赔环节，相比之下，打击理赔环节的保险欺诈更需要专业人士运用专业手段进行专门的调查。

（2）在总公司理赔管理部设立特别调查处，在省级公司设立特别调查科，在中心城市设立特别调查岗。考虑到我国幅员广阔，各地差异较大的基本国情，在保险公司系统内设立三级特别调查机构比较合适。其中，特别调查处的职责是拟定制度、搞好培训、建立信息共享系统、查处一些特别巨大的带有集团犯罪性质的骗保、骗赔案件等；特别调查科的职责是协调省内中心城市调查岗的工作、落实各项调查制度、搞好人员培训、集中查处省内疑难案件等；特别调查岗的职责是对理赔岗发现的各类疑难案件展开具体的调查，并做出调查处理建议。

3. 特别调查机构的级别问题。特别调查机构的工作需要多个部门的配合和支持，同时为了方便对外开展工作，应当适当提高特别调查机构的行政级别。虽然特别调查机构与其他部门一样都是理赔管理部的内设机构，但特别调查机构的负责人应当由理赔部门的副职以上的领导兼任为好。按照这样的思路，公司总部的特别调查处的负责人应当是公司理赔部的副总经理，省级公司特别调查科的负责人应当是理赔处的副总经理，中心城市特别调查岗的负责人应当是该城市理赔中心的副主任。

二、特别调查机构的职责和业务活动

加州的 2698.42 号条例（Regulation 2698.42）规定的特别调查机构的职责包括：一是确立一套能够系统和有效地识别和调查可疑案件的方法；二是训练和培养理赔人员识别可疑案件的专业能力；三增进保险人与地方检察官和保险监管部门的联系。结合我国的实际，笔者以为我国保险公司特别调查机构的职责可以归纳为：(1) 通过消费者教育和各类反欺诈宣传有效地预防保险欺诈的发生；(2) 通过不断的实践、培训和采用新技术，有效地识别和发现保险欺诈；(3) 通过企业间、行业内和与监管、司法部门的合作有效地打击保险欺诈行为。

图 4－15 是美国特别调查机构的主要业务活动，这是保险研究理事会 2001 年从对 353 家保险公司的调查中得到的。有 88％的受访公司回答特别调查机构的主要活动是调查疑难案件，位居第二的是与理赔人员一起工作，作评估和推荐排在第三，列第四的是满足州监管部门的需要。大约有 1/3 的保险公司称他们花了大量的时间训练公司员工与律师一起工作、与执法部门一起工作等。尽管特别调查机构的业务活动繁多，但为保证该机构的工作效率和发挥专长，特别调查机构主要的工作

	很多	中等	很少
促进公众了解	10%	50%	39%
对保费欺诈进行调查	10%	46%	43%
与非理赔人员一同工作	12%	69%	19%
理赔	15%	30%	55%
调查要保中的欺诈	16%	62%	22%
与外部调查人一同工作	26%	62%	12%
与执法部门一同工作	36%	60%	3%
与律师一同工作	36%	59%	5%
培训员工	38%	59%	3%
满足州监管部门的需要	49%	41%	10%
作评估和推荐	54%	37%	9%
与理赔人员一同工作	71%	28%	1%
对可疑索赔进行调查	88%	11%	1%

0% 10% 20% 30% 40% 50% 60% 70% 80% 90% 100%

图4-13　特别调查机构的主要业务活动

资料来源：Insurance Research Council and Insurance Service Office, Inc., Fighting Insurance Fraud, Survey of Insurer Anti-fraud Efforts, 2001. P27.

环节还是在于对案件的调查方面，这是发达国家特别调查机构给我们的一个十分重要的启示。如果我们随意安排特别调查机构的人员去做过多的非调查工作，这将大大降低特别调查机构的工作效率，也将对其专业化的调查优势形成冲击。

三、特别调查机构的管理

搞好特别调查机构的管理是确保特别调查机构作用发挥的一项基础性和日常性的工作，我国的保险公司应当特别注意从以下三个方面做好特别调查机构的管理工作。

1. 特别调查机构的人员管理。特别调查机构的人员管理包括资质、构成、培训等内容。就资质来说，并不是任何人都可以从事特别调查业务，担任特别调查人员必须具备一些必要的条件。如纽约州就规定，从事保险特别调查的人员必须具有本科以上的学历和4年理赔调查方面的经验，或5年从事与经济、保险有关的调查经验[①]，但这只是法律规定的最低条件，各保险公司可以根据需要设定自己的标准。笔者以为，我国的保险公司可以采用纽约州的要求为最低标准，再附加一些其他素质如表达能力、是否敬业、学习能力等综合考虑。

特别调查机构的调查要以机动车、医疗费用类赔案

① Section 86.6，Fraud Prevention Plans and Special Investigation Units，New York.

为调查重点，在人员构成上应当包含保险、法学、医学和理工四大类专业人才，对急需的诸如侦察、医生、律师等专业人员可以采用聘用制的方式从社会引进。保险公司系统内特别调查机构的人员配置可以按照特别调查处：特别调查科：调查岗（3∶3∶12）的比例（含社会聘用）进行配比。至于特别调查机构应当配置多少调查员，则要视公司的业务量的多寡而定，如美国新泽西州的法律规定，每 3 万张保单就应当配备一名专职调查员，国内保险公司可以根据业务量和工作的需要，按照 3～5 万张保单配置一名专职调查员的办法确定特别调查机构的总编制。

特别调查机构的工作效能主要体现在其整体效能上。这一方面要求从事特别调查的人员能够充分发挥其自身的业务专长，同时又要求从事特别调查的人员能够尽可能多地学习其他相关学科和行业的知识和经验，只有这样才能有效防范和识别各类不断翻新的保险欺诈方式、方法，才能在共享和互动之中提升特别调查部门的整体工作效能，因而开展经常性的特别调查人员的业务培训尤为重要。对调查人员的培训应是多方面的：职业道德、遵纪守法、现场查勘、调查方法、取证、信息技术、医疗审核、汽车碰撞、团队合作等等。对调查人员的培训既可以由本单位组织，也可以由行业协会组织。提高反欺诈培训的针对性是提高培训效果的捷径，保险公司往往通过开设针对性很强的培训项目来提高调查人员的整体应对能力，如全美独立保险人协会（the National Association of Independent Insurers, NAII）就和 Progressive Insurance Company 组织过有关汽车碰撞的课程（Crash for Cash）[①]。开设这类课程的主要目的就是帮助保险公司的理赔人员认识汽车碰撞，了解骗保人是如何利用一起看起来是真实的碰撞来实施欺诈的。汽车碰撞的课程包括 20 起碰撞实验，以使学员了解碰撞对汽车和车内的乘客所可能造成的伤害有多大，典型的碰撞事件包括追尾（rear－end collision）、刮蹭（side swipes）和 T 型碰撞（t－bones）等。

2. 特别调查机构的经费管理。特别调查机构的经费管理是个十分棘手的问题。如果将特别调查机构设在理赔部，管理层很快就会发现理赔部门的费用支出太大。一般说来，理赔部可能是保险公司里面一个最大的成本中心，如果再增设特别调查机构的话，理赔部门就面临着很大的压力来进行内部的资源整合，以进一步提高工作效率并减少费用开支。经费紧张往往是制约特别调查机构充分发挥效能的一个重要因素，以中国人保深圳分公司的特别调查岗为例，其中正式在编员工只有 2 人，其余 4 人中有 1 人是内退的警察、1 人是社会招聘人员负责内勤，2 人是下属支公司借调，另外还有签约律师 4 人专门负责盗抢车辆的调查工作。调查人员用于调查的费用是逐笔申请、逐笔审核，这使得中国人保深

① NAII and Progressive Host "Crash for Cash" Auto Insurance Fraud Detection Course, *Insurance Advocate*, 05/09/98, Vol.109 Issue 19, p13.

圳分公司的调查岗不得不放弃对一些案件的调查，这也在一定程度上限制了调查岗效能的发挥。

面对特别调查机构的经费紧张状况，保险公司可供选择的方法有：实行预算管理，在每年年初的时候给特别调查机构核定一个经费额度，再按月实行滚动管理；对由律师协助调查的盗抢车辆调查采取与查获的车辆数量挂钩的办法；外包调查业务，将部分案件的调查外包给专业的调查公司，按件付酬。

3. 特别调查机构的业绩考核。对特别调查机构的人员进行必要的业绩考核是督促和提高特别调查机构反击保险欺诈效能的重要措施。根据美国保险反欺诈联盟2003年6月发表的《特别调查机构业绩研究报告》(Study on SIU Performance Measurement)，多数保险公司主张采用提交特别调查机构的案件数量和特别调查机构的调查质量作为衡量特别调查机构业绩考核的主要指标。图4－16按照美国保险公司使用的频率列出了用于考核特别调查机构业绩的15项常用指标，列前四位的分别是：递交SIU的疑难案件数量、调查的质量和准确性、索赔案件中提交SIU的比率和拒赔案件数量。像追偿金额、调查周期、调查比率、经调查的案均赔付、追回的保费这类在很大程度上反映理赔质量而不是调查质量的指标都相对靠后。此外，美国的保险公司还采用一些非调查活动（non－detection activities）来考核特别调查机构的绩效，这些非调查活动包括：对未来欺诈行为的遏制、反欺诈培训和其他传统上与欺诈无关的

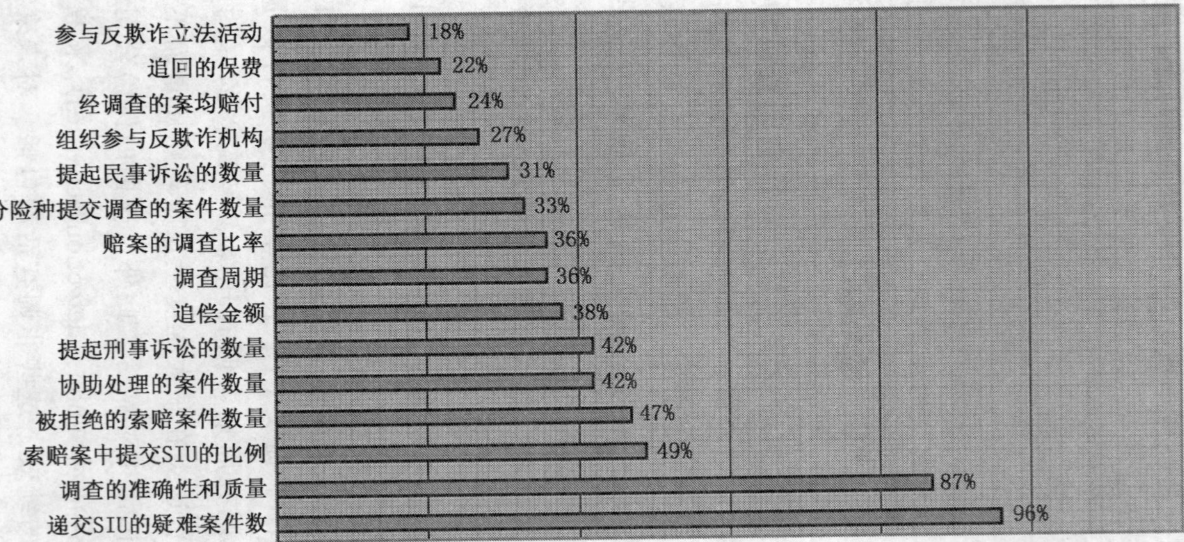

图4-16 美国保险公司对特别调查机构的业绩考核常用指标(%)

资料业源：Coalition Against Insurance Fraud, Study on SIU Performance Measurement, June 2003, P8.

行为，图 4-17 列出了一些与非调查活动有关的衡量特别调查机构的指标，其中特别调查机构为公司其他员工作的培训最为重要。

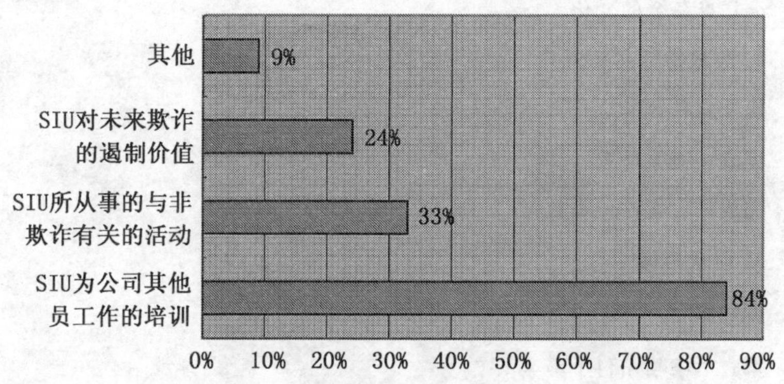

图 4-17　美国保险公司考核特别调查机构业绩的其他指标（%）

资料来源：Coalition Against Insurance Fraud, Study on SIU Performance Measurement, June 2003, P9.

美国保险公司对特别调查机构业绩评价方面的做法为我们提供了可资借鉴的经验，这些经验包括：一是要求将特别调查机构的案件调查数量和质量结合起来；二是将调查质量和理赔质量区别开来，理赔业务质量与调查业务质量有一定的联系，但两者间的区别还是明显的；三是结合一些非调查活动指标来对特别调查机构的业绩进行综合评价。据此，我们提出如下的对我国特别调查机构的业绩考核指标体系（表 4-4）。

拒赔和减少赔付的金额直接反映了特别调查机构对公司业绩的贡献水平，公司准备金的变化间接反映了特

表 4－4　特别调查机构的业绩考核指标体系

1. 总量指标： 拒赔和减少赔付金额 公司准备金的变化 2. 数量指标： 提交案件数量 完成调查案件数 完成特大案件调查数 3. 质量指标： 调查率 调查后案均赔付下降率 案均调查日 人均调查案件数 4. 其他指标： 为公司其他员工所作的欺诈培训 对潜在保险欺诈的遏制程度

别调查机构对公司的业绩的贡献水平，两者可以从总体上反映特别调查机构对公司业绩贡献的大小。通过不同时期数量指标、质量指标和基准水平的比较，可以反映出特别调查机构的任务完成情况；通过不同时期数量指标、质量指标的比较，可以反映出特别调查机构工作的效率和质量状况；另外，再考虑到特别调查机构为公司其他员工所做的欺诈培训和对潜在保险欺诈的遏制程度，就能够对特别调查机构的工作有较为准确的

判断。

第六节 探索适合国情的车险反欺诈方法体系

在分别就内部控制、流程优化、保单设计和特别调查机构的设置等方面对企业层面的车险反欺诈进行分析之后，我们将转入对车险反欺诈方法体系的探讨。发达国家的保险公司经过十多年的实践，已经形成了一套相对完善的方法体系。近年来，国内保险公司也逐步引入了调查人、独立调查人、医疗费用审核、集中拆检定损、定损复核、理赔核查（claims auditing）以及信息技术平台等方法反击车险欺诈。根据笔者的研究，发达国家车险反欺诈的方法大体包括预防性的宣传教育方法、识别性的关键指标法、发现性的多样化调查方法和数据分析方法和开创性的新技术方法四大类，建立我国的车险反欺诈方法体系。一方面要学习发达国家的先进经验，另一方面又要考虑到国情和各公司实际情况的需要，循序渐进，逐步完善。

一、预防性的宣传教育方法

保险公司可以采取面向消费者大众、保户、潜在投保人和内部员工等进行多样化的预防性的宣传教育活动，以从源头上堵住可能出现的各类欺诈活动。对消费者大众的宣传可以采用发放宣传册子、在网络上进行有关车险欺诈危害的宣传、开办宣传栏、举办展览会等形式进行。对保户可以采取寄送信件、定期回访、开展有奖答题活动等方式宣传保险欺诈的危害；对潜在投保人和内部员工，可以结合一些成功的反击车险欺诈的案例，一方面向其宣传保险公司在反击车险欺诈、倡导社会诚信方面的所起的积极作用，另一方面也可以对哪些有意实施车险欺诈的内部员工有一定的警示作用。

二、识别性的关键指标法

关键指标法是发达国家保险公司广为采用的以某些重要指标（indicators）作为判定和识别保险欺诈案件依据的一种方法。该方法主要是依托理赔人员的日常经验积累，具有很强的经验性特征，也很方便、实用，准确性也比较高。常见的方式是编制一些关键指标表，一旦理赔人员发现一起赔案出现表中所列特征，就应当引起高度重视，并结合案件的其他一些具体情况，做出是否存在异常或是否提交特别调查机构调查的判断，因而关键指标法在理赔流程的两个阶段都是十分有用的保险欺诈案件的识别性方法。结合本人在深圳人保、上海人保的调研，笔者分别就车损险和人伤险提出如下 10 个识别性关键指标供实务部门参考（表 4－5 和 4－6）。需要说明的是，识别性的关键指标应当结合本地的情况定期、不定期地加以修订，并尽量详细。

表 4-5　车损案件欺诈关键指标

(1) 年出险次数 4 次以上（最近一次距该次出险相隔 60 天）；
(2) 事故发生日临近保单到期日；
(3) 单车事故，且事故发生在偏远地区、夜间、没有目击证人；
(4) 车撞损失严重，且投保人无法说出被撞车辆的车主、车号；
(5) 驾车人对事故的描述与现场查勘的记录无法相符；
(6) 老车型、足额投保，出险次数频繁，报案却相当及时，且损失金额不大；
(7) 车辆伤痕的新旧程度不同；
(8) 车辆受撞不足以导致气囊破裂，但气囊实际已经破裂；
(9) 投保人坚持气囊属于正常弹出，但现场存在者明显的气囊被人为切开的情形；
(10) 被撞车辆缺乏动力、油箱中没有油、关键部位有生锈现象。

表 4-6　人伤案件欺诈关键指标

(1) 无故拖延治疗；
(2) 治疗地与事故发生地相距很远，又说不出正当理由；
(3) 治疗所用药物、设备、费用与所宣称的伤害远远不相配；
(4) 被保险人一年内已经三次出险，而且全部是在同一家医院接受治疗；
(5) 医疗费用凭证不齐全、缺少医生签字、盖章；
(6) 有些治疗所用药物有性别、年龄异常表现，如在男性受害者的治疗药物清单中出现了女性专用药物或相反；同样，在老年受害者的治疗药物清单中出现了青少年专用药物；
(7) 住院治疗期间与“受害者”的假期、法定假期、“五一”、“十一”黄金周全部或部分重合；
(8) 道路交通事故责任认定书等文件有被篡改的现象；
(9) 被扶养人证明有虚假的情况；
(10) 医院的诊断证明与当事人、道路交通事故责任认定书中的叙述有严重的出入，甚至相互矛盾。

三、发现性的多样化调查方法和数据分析方法

识别性的关键指标法的主要功能是为理赔、承保的业务人员提供保险欺诈的线索。至于线索后面是否隐藏着真正的欺诈，则需要借助于更进一步的调查和取证。从功能上看，后续的调查和取证工作主要是发现是否存在保险欺诈，保险公司有什么证据能证明保险欺诈的存在；从内容上看，后续的调查和取证工作中采用的方法主要包括两类：多样化的调查方法和数据分析方法。调查的方法有很多，我国保险公司应当从自身的业务特点出发，在实践中逐步积累并加以总结创新，现在常用的调查方法主要有：现场查勘、独立调查人调查、调查人调查、集中拆检定损、医疗费用审核、车辆碰撞分析等。我国保险公司如果将来设立特别调查机构，特别调查机构的调查、保险监管部门的调查和司法机关的联合调查将日益成为我国车险反欺诈的主要调查方式和方法。借助于公估机构帮助查勘分析现场、独立调查人协助调查疑难案件以及公安、海关协助调查车辆盗抢案件等将成为利用外部资源遏制和防范车险欺诈的主要调查方式和方法。

在调查以外，保险公司还可以利用业务处理中掌握的有关数据信息进行分析、归纳，以识别和发现可能的保险欺诈。数据分析方法的使用至少可以在两个层面上展开：企业层面和行业层面。企业层面上的数据分析方法可以与调查方法相互补充、相互印证；行业层面上的

数据分析可以突破企业层面数据分析和单一调查方法的局限，识别和发现在多家公司、多个地点、涉及多个主体的带有集团性的保险欺诈行为。虽然在部分省市也开始出现保险信息技术平台，但由于保险信息的标准化程度不高、信息技术平台中的信息量不多等原因，保险信息技术平台在反击车险欺诈中的作用基本还没有发挥出来。现阶段，保险监管和行业部门应当鼓励各地设立保险信息技术平台，再逐步推动这些保险信息技术平台的联网工作，接下来才能谈得上采用数据挖掘的方法识别车险欺诈。

四、开创性的新技术方法

现代科技的应用不仅能够大大提高业务处理的效率和质量，而且还有助于人们发现保险欺诈的线索，研究保险欺诈的形态和发展趋势，甚至直接帮助特别调查机构的调查人员实施保险欺诈调查。因而，在引入新技术改进承保、理赔业务管理系统的同时，应当考虑到防范保险欺诈的需要，即依据这样的思路设计出来的保险公司业务处理系统除具备提高业务处理效率外，还具备另一项重要的职能：遏制和发现保险欺诈。采用这样的业务处理系统的优势是多方面的：（1）可以对保险欺诈产生威慑作用；（2）可以减少在采用关键指标法时因依赖主观因素所可能导致的错误；（3）可以在特别调查机构采用统一的欺诈调查方法；（4）减少在向特别调查机构提交待调查案件时的不确定性等等①。正是从这个意义上讲，我们认为新技术的应用不仅对承保、理赔业务的处理，而且对遏制和防范车险欺诈而言，都是开创性的。

GartnerG2 是一家专门研究新技术在保险公司应用情况的专业机构，在其 2004 年 7 月发表的 Emerging Technology Hype Cycle for the Insurance Industry 2004 中对新兴技术在保险业的应用作了研究，其结果如图 4－18 所示。该图的水平线代表了新兴技术的成熟度，垂直线代表了新兴技术的可视性程度。依成熟水平的不同，新兴技术大体可以分为导入、期望颠峰、技术渗透、效应放大和效率最高五个阶段，不同的技术在这张图上分别有不同的圆点表示，颜色最浅的表明这些技术已经比较成熟，只需要不到两年左右的时间就可以达到其效率最高的阶段；颜色中等的表明这些技术还不太成熟，还需要 2～5 年的时间才可以充分发挥其潜力；颜色最深的则说明这些技术还相当不成熟，还需要经过 5～10 年的时间才能达到其效率最高的阶段。

按照 GartnerG2 关于新兴技术在保险业的应用周期的研究，与提高保险业务处理效率和防范保险欺诈有关的新兴技术主要包括：

① CNSI：Emerging Technologies in Large Volume Claims Management and How They Can Be Used for Fraud Detection.

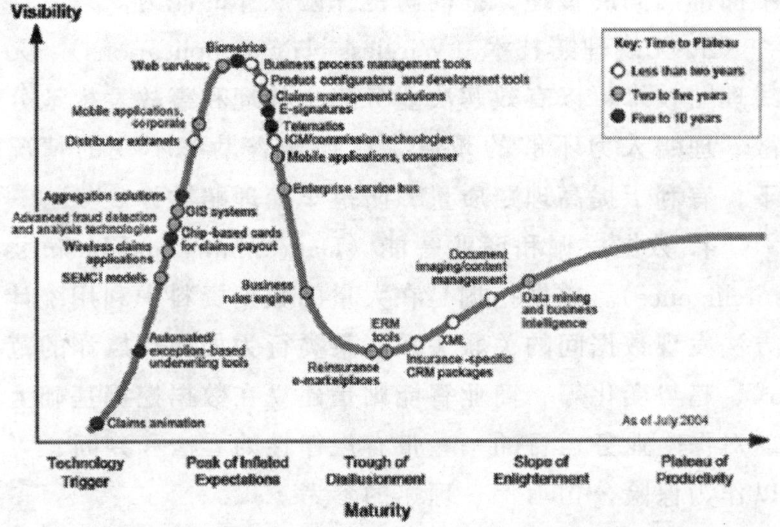

图 4-18　新兴技术在保险业的应用周期

1. 高级保险欺诈识别和分析技术（Advanced fraud detection and analysis technologies）。这类技术具有数据比较、预测、相似性搜索（similarity search）、实时分析（time link analysis）、可视性分析（visual link analysis）等功能，依托行业性保险数据服务机构，可以有效发现和查处车险欺诈。

2. 一次录入、多界面享用的技术模式（SEMCI: Single-entry, multiple-carrier interface models）。这种技术可以支持保险业务处理的多个界面的联网：保险代理人和承保业务处理中心、承保部门和理赔部门、核保、理算、零配件报价、赔付等的联网。既可以大幅提高保险业务处理效率，也可以促进相关保险欺诈信息在不同部门间的传递，提高防范保险欺诈的能力。

3. 无线理赔技术（Wireless claims applications）。无线理赔技术可以有效解决业务集中处理和事故发生地分散、理赔人力不够的矛盾，在现场查勘率不变的情况下，有利于提高理赔质量，防范车险理赔欺诈。

4. 数据挖掘和商业智能（Data mining and business intelligence）。数据挖掘是在大量的数据资料中利用统计方法发现数据间的关联关系、某类行为如保险欺诈的范式、趋势变化等，商业智能则是建立在数据挖掘基础上的对保险业务运行的一些带有规律性的看法和判断，可以作为保险公司承保、理赔的参考。

5. 文件转换和内容管理技术（Document imaging/content management）。这类技术可以将纸面文件实现电子化，并能采用特征识别技术从电子文档中进行搜索和文件管理。

6. 索赔激活技术（Claims Animation Technologies）。索赔激活技术能够再现汽车碰撞的效果，提供汽车碰撞过程的可视性回放，识别和确定不同碰撞所可能导致的伤害。这种技术在财产险领域还处于酝酿阶段，但该技术有潜力通过对碰撞数据的分析，对碰撞的真实性、软组织损伤等车险反欺诈领域中最为棘手的难题进行剖析，进而降低车险的赔付水平。

7. 远程通讯技术（Telematics）。远程通讯技术具有无线连接车载通讯设备和保险公司计算机系统的能力，这项技术能够提供诸如汽车服务、车辆维护、驾驶习惯等方面的信息，可以为保险人厘定费率提供帮助。

其中数据挖掘和商业智能、文件转换和内容管理技术被认为已经处于技术的成熟阶段；高级保险欺诈识别和分析技术、一次录入、多界面享用的技术模式及无线理赔技术还需要 2～5 年的时间才能进入效率的最高阶段；索赔激活技术和远程通讯技术还得需要 5 年以上的时间才能进入成熟期。中国人保上海分公司 2004 年 1 月启用的 eBao Tech Auto Claim 系统就是依托无线理赔技术实现了理赔业务的全面电子化，不仅大大提高了理赔业务的处理效率，而且通过该系统积累的数据可以直接为关键指标法在车险反欺诈中的应用提供支持。就我国保险公司的整体情况来看，文件转换和内容管理技术可以在短期内实现大量数据的电子化，很快地丰富保险公司的电子仓库，为分析车险欺诈的基本特征和趋势提供前提条件；多界面享用的技术模式则可以实现承保、理赔两个业务部门的数据共享，对遏制和防范车险欺诈很有帮助。因此，这两项技术应当得到优先使用，其他技术则必须循序渐进地予以安排落实。

在防范车辆盗抢方面，美国和日本的保险公司也采用了一些值得我们学习的新技术。针对车架号和零配件号码可能被窜改的问题，现在美国有一种新的喷微粒的技术，这种技术一次可以喷一万个微粒，微粒中包含信息代码，根本无法消除；电子防盗器（Immobilizer）的应用也是一种十分有效的防止车辆丢失的好方法；车牌监控技术（License Plate Reading Technology）可以识别车牌的真伪，在车辆被盗抢后，还可以通过安装在车内的电子跟踪系统（LoJack）帮助找到被盗抢的车辆，这种系统中包含一种隐藏的导体，能有效地帮助警察、车主找到被盗车辆；另外，在海关安装集装箱货物大型X射线检查装置也可以有效防止被盗抢车辆被走私运到国外。

保险欺诈防范方法

保险欺诈防范方法之一：关键指标法

关键指标法是发达国家保险公司广为采用的以某些重要指标（indicators）作为判定和识别保险欺诈案件依据的一种方法。该方法主要是依托理赔人员的日常经验积累，具有很强的经验性特征，也很方便、实用，准确性也比较高。常见的方式是编制一些关键指标表，一旦理赔人员发现一起赔案出现表中所列特征的，就应当引起高度重视，并结合案件的其他一些具体情况，作出是否存在异常或是否需要展开进一步调查的判断。

关键指标法在业务中的应用大致可以分为总结一应用一修订这样一个反复不断的过程。首先，应当充分发挥那些经验丰富的员工的积极性，集思广益，总结出一套适合所在公司、所处理的险种的关键指标，制作成工作手册，以方便工作人员携带和查阅。其次，要采取多种方法积极推广和使用已经制定好的关键指标，可以考虑将部分重要的关键指标的审核纳入到工作流程中去，如对关键文件、签字、印章真伪的初步判断应当纳入到接案后的初审中去处理；对关键指标再进行分类，要求员工在工作中至少要对基本关键指标进行逐一审查，对那些非基本关键指标则可以考虑不纳入员工的考核指标。已经制定好的关键指标在应用过程中还会发现存在一些不足和缺陷，这就需要定期和不定期地对关键指标进行修订，以使得关键指标更为实用和可靠。

在 1997 年 8—9 月间查处胡氏兄弟车险集团诈骗案中，保险公司的工作人员正是发现了前来报案的人总是对自己作出的赔付方案“言听计从”，这才引起了怀疑，在后来到所谓的事故地的公安交警、医院等单位调查，才发现报案人提供的索赔材料全部是伪造的。如果单从“言听计从”这一反常现象出发，保险公司识破胡氏兄弟车险集团诈骗案采用的方法也可以归结为关键指标法，但如果综合考虑到本案的其他因素，再假如保险公司拥有完备的关键指标体系，胡氏兄弟车险诈骗案早就可能被发现。因为“胡氏兄弟”在保险公司承保的三台汽车的出险时间分别为 1996 年 10 月、11 月和 1997 年 1 月，在四个月内连续出现三次事故，足以引起对关键指标“火眼金睛”的理赔人员的高度关注，但事实并非如此，胡氏兄弟还是继续行骗到当年的 8 月份。

表 1 和表 2 是笔者分别就车损险和健康险理赔业务提出的 10 个关键指标供读者参考。需要补充说明的是，关键指标法不仅可以在理赔阶段而且还可以在承保阶段用来防范保险欺诈。

表 1　　车损险案件欺诈关键指标

1. 年出险次数 4 次以上（最近一次距该次出险相隔 60 天）；
2. 事故发生日临近保单到期日；
3. 单车事故，且事故发生在偏远地区、夜间、没有目击证人；
4. 车撞损失严重，且投保人无法说出被撞车辆的车主、车号；
5. 驾车人对事故的描述与现场查勘的记录无法相符；
6. 老车型、足额投保，出险次数频繁，报案却相当及时，且损失金额不大；
7. 车辆伤痕的新旧程度不同；
8. 车辆受撞不足以导致气囊破裂，但气囊实际已经破裂；
9. 投保人坚持气囊属于正常弹出，但现场存在者明显的气囊被人为切开的情形；
10. 被撞车辆缺乏动力、油箱中没有油、关键部位有生锈现象。

表 2　　健康险案件欺诈关键指标

1. 无故拖延治疗；
2. 治疗地与事故发生地相距很远，又说不出正当理由；
3. 治疗所用药物、设备、费用与所宣称的伤害不匹配；
4. 被保险人一年内已经三次出险，而且全部是在同一家医院接受治疗；
5. 医疗费用凭证不齐全、缺少医生签字、盖章；
6. 有些治疗所用药物有性别、年龄异常表现，如在男性受害者的治疗药物清单中出现了女性专用药物或相反；同样，在老年受害者的治疗药物清单中出现了青少年专用药物；
7. 住院治疗期间与“受害者”的假期、法定假期、“五一”、“十一”黄金周全部或部分重合；
8. 医疗费用单据好像出自同一医生、同一时间（如处方上的笔迹一样，墨水的深浅一致等）；
9. 住院治疗的理由有冲突（如一方面说是因意外事故住院，另一方面又恰巧与某些疾病的发生有前后关系）；
10. 索赔时没有事故证明材料或者警察局的证明，而常识告诉你这样不合乎逻辑。

保险欺诈防范方法二：实地调查法

实地调查法是保险公司用来防范保险欺诈的一种很重要的日常性工作方法。从理论上讲，如果保险公司有能力对每一起保险事故进行实地调查的话，那么保险欺诈就可以被消灭。在实践中保险经营的经济合理原则要求保险公司只能将有限的资源投入到十分有限的赔案调查中去。实地调查法首先要解决的问题就是什么样子的案件才可以采用这种方法。以车险为例，美国的保险公司通常只对下列案件进行实地调查：

1. 对有人身伤亡的案件；
2. 多辆车多次相撞的案件；
3. 重大交通事故中责任不清的案件；
4. 对是否属于可保范围存在争议的案件，如受害人是否属于赔付范畴、保险人是否可以免责、投保人是否及时报案等；
5. 可能超过责任限额的案件；
6. 可能与酗酒、吸毒等有关的交通案件；
7. 涉及未投保车辆或撞了就跑的车辆的理赔案件；
8. 与商用车有关的赔案。

采用实地调查法需要解决的第二个问题是调查的内容。由于不同险种赔案所涉及的内容不同，因而不同险种实地调查的重点也不尽相同。以车险为例，该险种的实地调查内容大致可以分为：保险车辆的身份；被保险人、投保人调查；医疗费用调查；物损调查；证人调查；特殊事项调查等。就不同的调查内容又可以进一步细分为不同的调查点，只有完全依照事先设计好的工作流程逐一对每一个调查点进行调查之后，这项调查才可以告一段落。如在对保险车辆的身份进行调查时要注意这样五个调查点：车架号、车辆的产权证明、车身的基本情况、公里数、未列入保单车辆。美国的保险公司业务调查手册中还清楚地要求调查人员必须亲自对车身下列基本情况进行检查记录：前灯、后灯；挡风玻璃和车窗；雨刷；车刹；轮胎；方向盘和车档；速度计；车身的行驶方向等。

实地调查最终取得的结果就是各类证明：有来自当事人的笔录、证人的事故证明、事故处理部门的处理意义、保险公司的调查记录和事故鉴定部门的鉴定结论等。在收集到这些证据材料之后，保险公司的调查人员就可以从最初的怀疑点开始，逐一梳理这些证据，以看这些证据是否能够形成完整的证据链。如果证据之间不能"自圆其说"，出现破绽，就有可能印证了调查人员最初的怀疑或者出现了新的疑点，需要调查人员再次补充调查。在美国调查人员往往首先对前来索赔的当事人进行调查，要求其对事故进行如实、细致的描述，并承诺所作的描述是正确的，如有与事实不符之处，愿意放弃索赔。取得了当事人这样的承诺之后，调查人员就可以重点就其怀疑的事项进行调查，一旦发现当事人的描述存在不实之处，就可以据此对当事人做出拒赔的决定。

实地调查法在我国的保险业务中也得到了大量的使用。如 2001 年 6 月 12 日晚 11:00，被保险车辆在重庆某地翻车，倾覆于公路旁边约 10 米高的坎下，车辆严重受损，车上人员张某、李某受重伤。李某称自己是驾驶员，可细心的理赔人员发现事故地道路状况良好，李某又是具有 10 年驾驶经验的老司机，于是怀疑事发时李某不是真正的驾驶员。经过实地调查发现，保险车辆受损严重，方向盘、仪表台、左风口部件等留有血迹，后经取血化验，得知张某为驾驶司机，理赔人员的怀疑得到印证。

再如 2004 年 2 月，人保财险某公司收到了一起要求就同一台小货车在一个月内分别被四台小轿车碰撞造成的车损索赔的案件，公司理赔部门立即引起了警觉。后经实地调查发现这四起事故发生时间及受损情况基本一致：均发生在凌晨时间；受损车辆多为使用年限超过 8 年的旧车；四宗案件受损情况都是追尾碰撞；只有小轿车车损，而被撞的小货车不用修理。进一步的调查发现，原来这是一起由汽修厂老板策划，由老板和员工共同实施的虚假事故。

要用好实地调查法，必须做好这样几项基础工作：一是确定好哪类案件需要实施实地调查；二是对不同的险种要定有不同的调查项目；三是对不同的调查项目要制定有详细的调查点。这三项工作合在一起就是理赔部门的分险种的调查手册（checklist），有经验的理赔人员可以直接从自己的怀疑点出发，迅速找到相关证据以分析是否存在欺诈的可能性。

保险欺诈防范方法三：内部数据查询

内部数据查询是保险公司防范欺诈的一种常用的方法，主要是依托公司的业务查询系统进行数据配对查询，以识别和发现保险欺诈。具有反欺诈功能的公司业务查询系统可以设计成公司综合业务处理系统的一部分或者单独设立，但不管怎样，该查询系统的正常运转需要公司综合义务处理系统的支持。这种支持主要的数据方面的，要保证可能与欺诈有关的各类业务信息能够及时地（最好是同步地）向业务查询系统集中，只有满足这样的技术要求，业务查询系统才能真正发挥识别和发现保险欺诈的作用。

通过内部数据查询发现保险欺诈的过程实质上就是一个数据挖掘过程，也即充分利用公司现有的数据资料分析某起赔案的疑点，看其是否构成欺诈。其工作原理如下图 1 所示，首先必须依托公司的综合业务处理系统产生相应的数据库。其次业务查询系统应当具备基本的数据分类功能，能够自动将数据按不同的标志进行分类，如按被保险人的姓名、事故类型、事故发生地、事故发生时间、索赔时间、事故处理负责人、赔付金额等进行分类。再次业务人员能够利用业务查询系统在多个终端进行不同级别的查询和输出。

内部数据查询是一种主要用于对付保险公司老顾客欺诈的行之有效的防范方法。只要保险公司拥有先进的

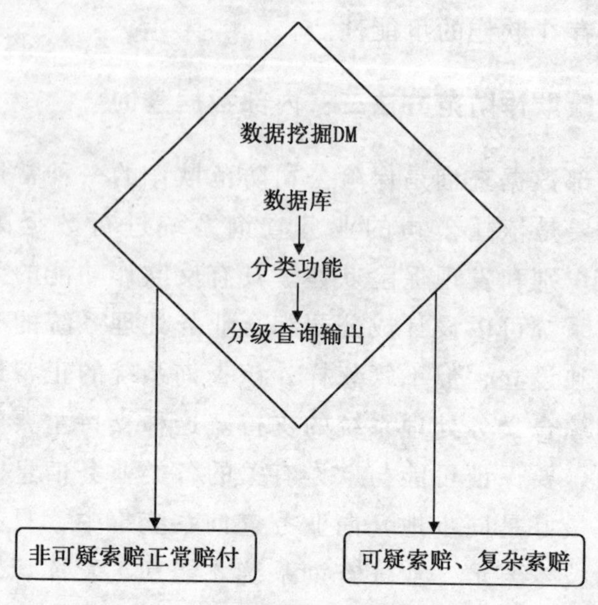

图 1　内部数据查询示意

业务综合处理系统，能够随时将有关的数据资料进行联网、归类、汇总，就会很快形成有关客户的各类资料，深入分析这类资料之间的内在关系，就可以较为容易发现欺诈的蛛丝马迹。例如，业务查询系统的数据显示，一年内张先生的车连续两次事故都是单车事故，且没有警察的检查报告，据此可以推定张先生有涉嫌欺诈骗赔的可能，张先生是否真的实施了骗保行为这要视进一步的调查而定。

现在国内有些保险公司已经开始通过设立黑名单、灰名单的制度来遏制保险欺诈，这其中就包括了内部数据查询的思想。从黑名单、灰名单的设定标准来看，可能有的公司将一年内出险四次的顾客列入黑名单，而将一年内出险二次的顾客列入灰名单，黑名单、灰名单都是依据公司的业务数据进行自动划定的。对黑名单上的客户给以格外关注，如果这类客户再次发生事故，保险公司理赔部门一律要求实地调查，而对灰名单上的客户只是给以一般关注，只是在发生重大赔案的情况下才要求实地调查。国内保险公司在防范欺诈方面的普遍问题是：真正用于防范欺诈的内部业务数据查询系统没有开发出来。就黑名单、灰名单来说，有的公司是按承保、理赔不同的业务流程设计的，有所谓的承保黑名单、理赔黑名单，但两者之间没有联通起来，这就难以发挥数据查询系统在防范欺诈方面应有的功能。

利用数据查询系统进行欺诈防范还有个信息保密问题。《保险法》第 32 条规定了保险人对于在办理保险业务中知道的投保人、被保险人、受益人的业务和财产情况及个人隐私，负有保密义务。在车险反欺诈中，有关投保人、被保险人、受益人和标的车辆的信息对于识别和防范车险欺诈具有重要的作用，现在国内一些保险公司也开始采用来遏制车险欺诈。在相关立法没有到位的前提下，应该说仅限于本公司内部使用的黑、灰名单并不构成对《保险法》第 32 条保密义务的违反。但如果要进一步扩大有关保险信息的使用范围或改变信息使用的目的，则至少应当在保单或其他保险文件中予以约定。可供选择的方式包括在要保单、保单和理赔单的条款中约定：除非经特别约定，凡在本公司投保的投保人均同意保险人有权利使用本保单项下的投保人、被保险人、受益人和标的车辆的有关信息用于防范保险欺诈，保险人利用上述信息从事其他活动，应当征得投保人、被保险人与受益人的书面同意。

保险欺诈防范方法四：外部数据查询

外部数据查询是一种利用行业性的数据查询系统防范保险欺诈的方法。保险公司在业务经营中对每一笔投保、每一笔交通事故的处理、每一个病人的住院材料、每一起赔案的最终处理等都是可资利用的重要资源，当这些信息分散在多个主体掌控之下、没有实现电子化的时候，就难以发挥保险信息所具有的防范和遏制欺诈的潜在优势。如果有些人经常变化投保的公司，又在不同的保险公司实施不同的欺诈，内部数据查询通常是难以识别这类欺诈的，但借助于行业性的数据查询却是很容易发现这类保险欺诈的。

外部数据查询是发达国家保险公司联手打击保险欺诈的一个非常重要的方法。美国的 ISO（Insurance Service Office）现在是全美最大的保险信息数据供应商，它的 ClaimSearch－Auto 系统可以帮助客户搜寻有关车辆盗抢、盗抢车辆返还、损坏、抢救等方面的信息，而且还可以提供有关车辆被扣压和出口方面的信息。现在占全美保费的 93％的保险公司加入了 ClaimSearch－Auto 系统，不仅这样各类保险基金、互助保险机构、第三方托管机构、州保险部的反欺诈局和其他执法机构也参

加了这一系统，有22个州有法律规定保险公司必须将有关的数据传输给ClaimSearch－Auto系统。

ClaimSearch－Auto系统在防范欺诈方面为保险公司带来了极大的便利。该系统经由2万多个终端与保险公司相连接，保险公司特别调查科（SIUs：Special Investigation Units）的工作人员可以根据自己的需要，按照不同的要求设定查询，而且可以随时、同步查询。该系统还支持保险公司实现跨险种的查询，客户不仅可以查到有关财产保险的情况，而且还可以查到有关人身保险的情况，这对于防范集团性的、综合性的保险欺诈是很有帮助的。另外，该系统还与汽车零配件的销售商联手，在客户索赔前为汽车保险商提供有关车辆损失估价方面的信息，这有助于尽早遏制重复和可疑索赔案件。

日本的财产保险协会也建立了类似的骗赔防止系统，并在遏制和防范保险欺诈方面发挥了积极的作用。如某保险公司接到一住宅被大火焚毁的报案，该住宅由夫妇两人居住，火灾是在男主人下班回家之后又外出吃饭期间发生的，妻子则在外地旅行，因此火灾发生时家里没有人。在与投保人交谈过程中，保险公司的理赔人员发现：投保人的态度很蛮横；事故刚刚发生时，投保人就对保险金的支付时间表现出异常的关心。保险公司先是作出了投保人属于保险事故多发者的推测；其次利用财产保险协会的系统查询得知，投保人在5年前，也曾经在由纵火导致的火灾事故后从其他保险公司领取过保险赔偿。此外，保险公司还发现，投保人的投保金额异常高，而且在理赔过程中曾经有疑似黑势力团伙成员的人介入交涉，对保险公司施加压力。后经调查发现，投保人在炎热的夏天在屋里放置盛有煤油的塑料桶有违常理，投保人又作不出合理的解释。综合上述投保人的种种不正常的现象，保险公司最终将本次事故裁定为自行纵火后实施的欺诈。

2004 年 3 月北京建立了“车险信息库共享平台”，该信息平台设计有防范车险欺诈的功能，但数据标准和数据资源的短缺已经成为影响其功效发挥的一个很重要的瓶颈。因为没有统一的数据标准，保险公司的数据无法源源不断地输入该平台，再由于没有足够的数据支持，该平台在防范车险欺诈方面的作用还十分有限。鉴于保险数据资料的保密性要求，组建行业性的数据服务机构必须得到立法上的特别支持。例如美国加州保险法典第 1875 节就专门对保险理赔分析机构（Insurance Claims Analysis Bureaus）作了明确的规定。建立保险理赔分析机构，必须获得州保险委员会主任的许可，但要达到上述要求，则必须满足下列条件：拟成立的理赔分析机构是一家以保险反欺诈为目的的非盈利性组织；至少有两年的理赔数据分析经验；有足够多的保险公司愿意向该机构提供保险信息；全部信息采用了电子化的形式等。

保险欺诈防范方法五：结案后审查（CFR）

保险欺诈在很大程度上表现为超额赔付，如何降低

和减少公司的超额赔付支出也就成为反击保险欺诈的一项很重要的工作。麦肯锡公司向财产保险公司提出了结案后审查（CFR：Closed File Review）和结案前审查（OFR：Open File Review）两种解决方案，现在分两次介绍给大家。

在介绍结案后和结案前审查方法之前，首先必须澄清一个概念，即什么是超额赔付。从理论上讲，超额赔付就是超过了必须赔付水平的赔付。如果说，一起赔案的所有损失是5000元的话，按照保险合同的承诺，一旦发生损害事件，保险公司就须向投保人支付5000元的赔偿金，这5000元就是必须赔付水平，但由于种种原因（可能是投保人骗保、或者保险公司的定损、理赔人员水平差，管理不善等）多赔付了比如1000元，那么这1000元就构成了超额赔付。“必须赔付水平”是保险公司按照保险合同应当赔付给投保人的，如果保险公司不履行对投保人的赔付，那就构成了对投保人的欺诈。

导致超额赔付的原因复杂，既有投保人骗保方面的，也有保险公司内部管理方面的，不能简单地将超额赔付归因于投保人骗保。超额赔付这个概念传递给我们的信息是：降低和减少超额赔付是保险公司利润改善的渊泉。超额赔付是保险公司在维持和不降低对投保人的赔付（承诺）条件下，可以避免的赔付支出，也是在保险产品费率趋于下降的背景下改善保险公司盈利水平的惟一选择。结案后审查和结案前审查的出发点和核心就是要发现和识别保险公司的容易发生超额赔付的环节，并采取有效的措施加以防范。

结案后审查方法就是选取一些典型的已赔案件，交由专业的理赔人员对其进行逐一审查，分析和找出容易发生超额赔付的环节，在此基础上再结合企业的实际情况设计出降低超额赔付水平的方案。从工作流程来看，一起完整的结案后审查一般包括 CFR 小组筹建和准备、识别和评估超额赔付、拟定降低超额赔付的方案、实施降低超额赔付的方案这样四个阶段，每个阶段的时间安排、工作内容和工作成果如附图 2 所示。

在第一阶段，首先要组建一个专门的工作小组，工作小组的成员应当是由理赔部门水平较上等的理赔工作人员组成，而不应该全部是公司中最优秀的理赔工作人员。设计 CFR 调查问卷是本阶段的一个十分关键的工作，其基本思路就是要将一起典型的赔案从报案到赔付结束整个过程中所有可能发生超额赔付的环节全部理出来，简单地讲就是要绘制一张案件处理的全流程图，不仅包括报案、查勘、定损、修理、医疗、护理，还包括诉讼追偿。确定好案件的抽样标准是第一阶段最后一项工作，样本的选择一定要体现出典型性、客观性、准确性的要求。

第二阶段的主要工作是完成对样本赔案超额赔付的评估，召开头脑风暴会议，找出超额赔付的原因所在。由于对赔案的评估具有主观性，因而在最初的几周内都是由2名理赔员审查同一案卷以确保评估小组的成员都

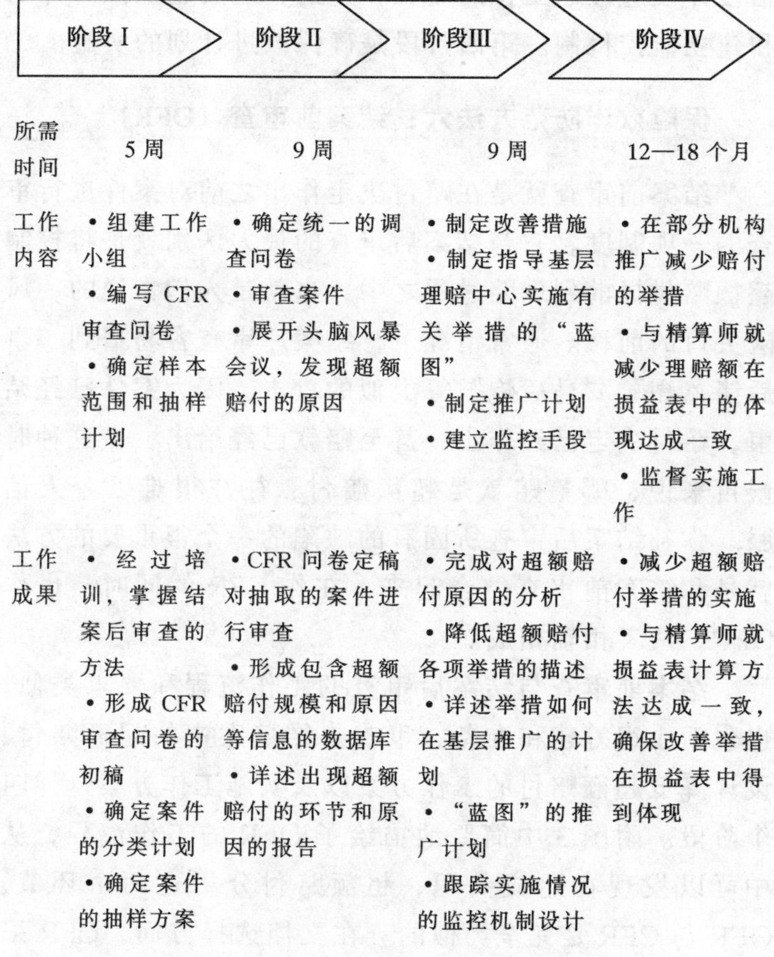

	阶段Ⅰ	阶段Ⅱ	阶段Ⅲ	阶段Ⅳ
所需时间	5周	9周	9周	12—18个月
工作内容	·组建工作小组 ·编写CFR审查问卷 ·确定样本范围和抽样计划	·确定统一的调查问卷 ·审查案件 ·展开头脑风暴会议，发现超额赔付的原因	·制定改善措施 ·制定指导基层理赔中心实施有关举措的“蓝图” ·制定推广计划 ·建立监控手段	·在部分机构推广减少赔付的举措 ·与精算师就减少理赔额在损益表中的体现达成一致 ·监督实施工作
工作成果	·经过培训，掌握结案后审查的方法 ·形成CFR审查问卷的初稿 ·确定案件的分类计划 ·确定案件的抽样方案	·CFR问卷定稿对抽取的案件进行审查 ·形成包含超额赔付规模和原因等信息的数据库 ·详述出现超额赔付的环节和原因的报告	·完成对超额赔付原因的分析 ·降低超额赔付各项举措的描述 ·详述举措如何在基层推广的计划 ·“蓝图”的推广计划 ·跟踪实施情况的监控机制设计	·减少超额赔付举措的实施 ·与精算师就损益表计算方法达成一致，确保改善举措在损益表中得到体现

图2　结案后审查的工作流程示意图

资料来源：麦肯锡咨询报告。

能掌握评估方法，并且结果基本一致。经过这样的调试，评估小组成员在案件评估时所具有的主观性得到了排除。第三阶段是整个流程的核心，根据第二阶段的评估设计改进理赔工作的流程和举措，还要制定推广计划和建立监控机制。第四阶段是确保改进计划的实施。

保险欺诈防范方法六：结案前审查（OFR）

结案前审查就是在赔付决定作出之前对案件进行审查的一项制度，它与结案后审查的最大区别就是将控制超额赔付提前到理赔过程之中，也就是人们常说的，风险关口的前移。通常情况下，结案后审查容易遭到“事后诸葛亮”、“马后炮”等类似的攻击，因为案件已经结束，赔付决定已经作出，甚至赔款已经给出，在这种时候再来说，哪笔赔款是超额赔付，往往很难以令人信服。弥补结案后审查所固有的缺陷的一个很重要的方法就是和结案前审查结合起来，在作 CFR 的同时，也作 OFR，两者相辅相成。

结案前审查与结案后审查的工作流程和要求类似，也包括小组筹建和准备、审查未结赔案中的超额赔付、设计降低超额赔付的工作方案以及实施工作方案这样四个阶段。附图 3 中简要地描绘了 OFR 的工作流程，从中可以发现在达成共识、超额赔付分析这两个环节，OFR 与 CFR 是完全类似的。在文档选择方面，CFR 采用的是一定的抽样方法从已经结案的案件中抽取一定的案件进行分析，而 OFR 则是从每天正在处理的案件中调取一定的案件进行检查；再勘查是 OFR 独有的一个环节，主要是对一部分可疑案件进行实地的再勘查和再核实；报告对比是将不同的渠道获得的有关同一赔案的信息进行对比分析，既包括从工程师/理赔员处收集的信息，也包括实际赔付与OFR的评估结果的对比。由于结案前审查只审查保险公司在定损阶段可能产生的超额赔付，因而完成一个完善的结案前审查所需要的时间一般较结案后审查要短。

文档选择	再勘查	达成共识	报告对比	超额赔付分析
图片1	图片2	图片3	图片4	图片5

（请美编选择适合图片，要求与上面的标题，如文档选择、再勘查、达成共识等基本相符）

•从每日系统下载文件中选出新的理赔案	•重新到现场进行查勘定损 •记录下出险的细节（图片、丈量及照片等） •必要时使用外部专家	•与CFR类似	•从工程师/理赔员处收集报告 •实际的赔付与OFR的评估结果进行对照	•与CFR类似

图3　结案前审查的工作流程示意图

资料来源：麦肯锡咨询报告。

在小组筹建和准备阶段需要做的一件很重要的事情就是：就审查方式与相关部门和基层公司的管理层进行沟通。因为结案前审查的案件都是在理赔处理过程中，对案件的最终处理结果还没有定论，在这种情况下OFR的小组成员提出要对案件进行审查，甚至是再勘查的话，好像对理赔人员的工作有不信任的感觉，如果没有事先的沟通与解释的话，OFR小组的工作会遭受来自公司内部的阻力。通过制定详细的沟通计划和进行繁琐的沟通工作，使得理赔部门的基层公司的管理层能够理解和支持 OFR 小组的工作。

在实践中 CFR 和 OFR 通常是结合在一起运用的。这样做的好处是能够用 OFR 对定损环节的事先控制来弥补 CFR 的不足，真正做到事先控制和事后控制的结合。在综合运用 CFR 和 OFR 控制超额赔付的过程中，还需要特别注意的事项包括：一是高层领导的重视。这点很重要，因为不论 CFR 还是 OFR，都是很细致的工作，涉及到对现行理赔人员业绩的重新评价和对原有工作流程的调整，可能会遭到不小的阻力。在公司高层领导充分认识到降低超额赔付对实现公司经营战略的重要性的情况下，CFR 和 OFR 的进行才能获得来自高层的强大支持。二是企业开展 CFR 和 OFR 工作的持续性。CFR 和 OFR 应该被看作是企业的一项持续性的基础工作，决不是靠一次、二次的运动式的推动就可以立竿见影的。三是要循序渐进地推广。可以考虑先从单一的险种开始实施，等有了初步的收获之后，再逐步推开，这样便于在学习中掌握要领，也便于提高员工的信心。

保险欺诈防范方法之七：设置警示语

欺诈警示语（fraud warning）指的那些告知保险欺诈是违法犯罪行为，应当受到惩罚的具有一定警示作用的语句。警示语可以印制在要保单、保单或者理赔单证的某个显著位置，一方面可以起到提示客户不要采取欺诈或欺骗性的手段以骗取保险金的作用；另一方面也可以对那些蓄意进行保险欺诈的客户有一定的威慑作用。

按照强制性程度的不同，美国的欺诈警示语一般有三种形式：强制性的（mandatory）、许可性的（permissive）和自愿性的（voluntary）。前两种都是由保险法直接加以规定的，如加州保险法典第 1871.2 节就规定：为保护您的利益，加州法律要求下列句子必须印在理赔单上：任何有意提交虚假或欺诈性的索赔的人都是有罪的，可能受到罚款或在被监禁在州监狱的处罚。这里规定的警示语就是法定的、强制性的，强制性的警示语必须一字不差地印在法律所规定的文件上。许可性的欺诈警示语其内容是法律所允许的，但具体如何表述则可以由保险公司斟酌的，如加州保险法典第 1871.3 节就规定，汽车盗抢险的理赔单上必须包含这样的内容：作虚假陈述的被保险人将受到惩罚或以伪证论处。这里的警示语就是许可性的，保险公司只要不违反该警示语的基本内容和要求，就可以自己选择适当的表达方式。自愿性的警示语是完全由保险公司自己决定是否采用及如何采用，它可以是带有威慑力的句子，告诫人们不要以身试法。在一项对伊尼诺斯州消费者的调查显示，有超过一半的受访者认为在要保单、保单、理赔单上印制带有重罚性的警示语对保险欺诈行为具有较好的遏制效果。有高达 70％的受访者认为州监管部门应当要求将警示语印在要保单上，有 80％的消费者认为警示语应当印在理赔单上。

借鉴美国通过立法要求在要保单、保单或者理赔单的显著位置印制欺诈警示语的做法，一方面立法部门、保险监管部门、保险行业协会可以考虑在有关的立法、规章、行业规定的制定过程中对车险欺诈的警示语进行必要的规范；另一方面，在相应的立法规范没有出台之前，我国的保险公司可以考虑根据相关的法规在要保单、保单或者理赔单的显著位置印制一些欺诈警示语。现阶段保险公司在保单或其他保险单证上印制警示语的行为属于企业自愿行为，措词一定要注意合法性。笔者建议，经营车险业务的保险公司应当在主险要保单、保单、理赔单的显著位置增加欺诈警示语，在一些容易发生欺诈行为的附加险如盗抢险、车上人员责任险、特种车辆固定设备、仪器损坏扩展条款等的有关单证上也应当增加欺诈警示语。

根据保单语言通俗化的要求，在要保单上可以考虑的欺诈警示语有：根据《保险法》的有关规定，您对我们的询问有任何故意不配合、不真实的回答的，都是违法行为，我们有权解除本合同，并不退还您已经缴纳的保费；在保单上可以采用这样的欺诈警示语：本保单是以您对我们询问所作回答为基础订立的合同，在您的车辆出现危险程度增加的情况下，您仍然需要通知我们。您的任何不真实的回答以及在出现危险程度增加的情况下的不通知我们的行为，都是违法的，请您对您自己的行为负责，在发生上述情况时我们不承担赔付责任，并保留对由于您的违法行为所造成的损害的追偿权；在理赔单上可以选择使用这样的警示语：尊敬的顾客：您好！我们对您所遭受的不幸深表同情，为尽快帮助解决您所出现的各种困难，我们真诚地提醒您注意如下理赔事项，并请严格遵守：任何以虚假、编造的证据、事故，夸大车辆修理费、医疗费等不真实行为实施的要求我方赔付的行为，都是违法的，情节严重的，触犯刑律的，将要承担刑事责任。

保险公司还可以将设置警示语的方法和预防性的宣传教育活动结合起来，以从源头上堵住可能出现的各类欺诈活动。可以将警示语印制在对消费者大众的宣传册子上、在网络上进行有关车险欺诈危害的宣传、以开办宣传栏、举办展览会等形式进行。对保户可以采取寄送附有警示语的信件、定期回访、开展有奖答题活动等方式宣传保险欺诈的危害；对潜在投保人和内部员工，可以结合一些成功的反击车险欺诈的案例，一方面向其宣传保险公司在反击车险欺诈、倡导社会诚信方面所起的积极作用，另一方面也可以对那些有意实施车险欺诈的内部员工有一定的警示作用。

保险欺诈防范方法之八：巧用免赔额

从理论上讲，保险人和投保人总是处于欺诈和反欺诈的博弈之中，欺诈有收益也有成本，反欺诈需要成本支出也能获得收益。按照经济人的假定，保险人和被保险人在不完全信息的动态博弈中会达到一个均衡，在这个均衡点上双方的策略处于最优，这时的保险合同也是最优保险合同一部分保险。基于保险人和投保人双方最优博弈策略的保险合同形式不可能是足额保险，而只能是部分保险，其原理在于使得投保人和保险人共同承担保险标的的风险损失，以此来遏制和减少投保人的欺诈行为。一般而言，投保人承担的部分越大，其实施保险欺诈的动因和可能性就越小。这一原理在保险产品设计中的应用就是大量采用绝对免赔额、相对免赔额（率）和不足额保险三种方式。

绝对免赔额指的是保险人无条件免赔的部分，如中国人保 2004 年 10 月份推出的 500 元绝对免赔额，也即发生任何保险事故损失在 500 元以下的部分保险人一律不予赔付。在采用相对免赔额（率）的情况下，一般规定发生损失后保险人只负责赔付一定比例的损失如 80%等，对超过该比率以上的部分则由投保人自己承担。不足额保险也即保险人只对财产市场价值以下的部分承担赔偿责任。部分保险的应用要讲究策略，否则极有可能引起消费者的反感。根据国外保险公司的经验，要运用好绝对免赔额策略，一要注意做好宣传和消费者教育活动；二要设不同档次的免赔额供消费者选择。

为了不引起消费者的强烈反应，在引入绝对免赔额的前期，一定要加强对消费者的宣传和教育工作，以争取消费者的理解和支持。据笔者的初步整理，国外保险公司对绝对免赔额的宣传一般有这么三类。

一是说教式。例如有的公司就明确告知消费者，消费者要求的免赔额越低，保费就会越高，因为低的免赔额意味着几乎每次发生交通事故，保险公司都必须对肇事车辆进行查勘、定损、赔付，这样花费的成本很高，因而保费也就相应要高一些。他们建议客户在投保时，多问问保险公司，计算一下选择高免赔额与低免赔额之间的区别。

二是理财顾问式。有的保险公司是将免赔额被当着节约保险费开支的一种理财方法来介绍的（lower your insurance costs)，如将免赔额从 200 美元提高到 500 美元，就可以节约保险费 15%～30%，选择 1000 美元的免赔额就可以节约保费 40%，但保险公司同时提醒客户注意，在选择高免赔额时要留有足够的钱来打点可能出现的各类开支。

三是参谋式。如有的保险公司分别将 250 美元和 500 美元两个档次的绝对免赔额，在三个年头中的收益情况进行对比，在 250 美元绝对免赔额的情况下，假定消费者 A 的年保费支出是 1000 美元，而在 500 美元绝对免赔额的情况下，假定消费者 B 的年保费支出是 800 美元。如果在第一年内就发生交通事故的话，那么消费者 A 所要承担的支出就是 1250 美元（1 年保费加维修费），消费者 B 的就是 1300 美元；如果在第一年没有事故，第二年内发生事故的话，消费者 A 承担的支出是 2250 美元（2 年保费加维修费），同理消费者 B 所要承担的支出就是 2100 美元；如果第三年发生事故的话，消费者 A 的支出就是 3250 美元，消费者 B 的支出就是 2900 美元；如果第四年发生事故的话，消费者 A 的支出就是 4250 美元，消费者 B 的支出就是 3750 美元，时间越长，两者间的费用差距越大，因而免赔额的推出实际上是鼓励了理性消费和安全驾驶，真正做到了优质优价、劣质劣价。保险公司用这样形象的例子来帮消费者分析、计算，确定适合自己的保险方案。

国外保险公司在推出绝对免赔额条款时还注意同时推出数个不同档次的绝对免赔额供消费者选择。在美国常见的绝对免赔额有250、500和1000美元三个档次；欧洲的保险公司通常提供150、300和800欧元三个档次的绝对免赔额。通常的情形是，绝对免赔额的档次越多，消费者对免赔额概念的理解就越全面，绝对免赔额条款也就越能获得消费者的理解与支持。

保险欺诈防范方法之九：验标承保

验标承保，即在投保人提出承保申请时，保险人对保险标的的具体情况进行必要的事先检查，然后再决定是否承保，以什么条件承保的一项制度。除一些简易险种如人身意外伤害保险外，绝大多数的产寿险业务的承保都需要事先对保险标的进行严格的查验和核实。在实践中严格执行验标承保制度，可以有效地防范空标承保、事（故）后承保、带“病”投保等事件的发生，同时还可以起到正确评估风险，合理确定承保费率，提高风险管理水平等目的。

空车承保是车险欺诈的一种常见情形。投保人往往用一些标的车的替代凭证如购车发票、行驶证、固定资产登记证等，作为投保依据，保险公司对一些大单位、老客户往往显得很“宽容”和“豁达”，不去查验实车，据单予以承保，过一段时间，再编造所谓保险事故，取得保险公司赔付。比空车承保稍微好一点的是低价车投高额保险。一些不法分子利用保险公司不严格执行验车承保的漏洞，采用将低价车按高档车投保的方式骗取赔付，如将赛欧车以同系列的君威车承保，待事故发生时与修理厂“合作”以君威车的修理费索赔等。更有甚者，两辆车投一次保，如上海人保曾调查发现，某君拥有两辆同样类型的车，他在保险公司只投保一辆车，发生事故时再换换车牌，“依法”索赔。事（故）后承保也是一种较为常见的车险欺诈形式，不少人认为现在保险公司的管理已经信息化了，采用“倒签单”的形式进行保险欺诈已经不多见了，其实未必，在涉及欺诈团伙犯罪的情形下，由于犯罪团伙中既有交通警察中的内线人物，也有保险公司中的高级管理人员作内应，他们可以随时让事故“发生”，因而事（故）后承保对他们来讲，并不是什么难事。上世纪90年代，流行于美国的一幅漫画对事（故）后承保作了生动的诠释，画面上的车子已经燃起熊熊大火，车主并不着急救火，却赶紧打电话承保，在他与保险公司的通话时，他妻子大声喊道：“车子快爆炸了！”

带“病”投保也即以有瑕疵的保险标的进行投保，是产寿险业务中一种常见的骗保方式。如深圳一家物流公司在台风季节来临前，将一批简易仓库以标准仓库投保，又将一些残次产品运入库中以正品投保，由于该物流公司与保险公司是老客户，时间又是在台风来临前，保险公司业务繁忙，没有时间前去验标，就根据物流公司的申报办理了保险。在寿险业务中，如要求体检的险种由于保险公司不严格执行验标承保而没有作体检，一些不法分子往往利用保险公司承保业务中的漏洞，在得知自己患有重病的情况下，赶紧去投保。这种情况在国际上也很多，如一对中国夫妇在美国得知自己患有重疾，便赶紧投保，后到中国治疗，再以国内医院经过修改的诊断证明和费用到美国索赔。带“病”投保骗取保险赔付属于一种软性的欺诈，保险公司如果审查仔细的话，完全可以通过提高费率的方式来回避这类风险。

验标承保是防范空标承保、事（故）后承保、带“病”投保等保险欺诈的有效方式，鉴于此，管理优良的保险公司都要求在承保业务中严格执行验标承保制度。严格的验标承保制度，不仅包括一套行之有效的针对不同保险标的的验标手册，而且还辅之以严格的检查监督制度和处罚制度。我国不少保险公司都对验标承保有所要求，但大多要求不太具体、明确，即便有所谓的制度要求，但没有执行或者执行不到位也没有相应的处罚，这使得验标承保这道防线形同虚设。为强化保险公司对验标承保的意识和制度建设，美国反保险欺诈联盟在 1994 年推出汽车保险前检查示范法（Model Act for Pre－insurance Inspection of Motor Vehicle），该法案的第 6 节规定了承保前检查的标准和内容。根据该节的规定，保险公司可以自己也可以委托其代理人、独立第三人以对申请人以“合理便捷”的方式对拟投保的车辆进行检查，检查报告必须做到不易伪造、倒签日期和其他欺诈。报告的内容至少应当包括：车架号、里程表上的里程数、两张显示任何可视损害的照片、附加设备的清单。美国汽车保险前检查示范法中的有关规定很值得我们借鉴。

保险欺诈防范方法之十：强化理赔管理

强化理赔管理，是提高遏制和防范保险欺诈的根本方法。以前几讲中谈到的内部、外部数据调查、结案前、结案后审查等都可以归入到强化理赔管理，我们这里主要从如何加强理赔基础管理的角度来介绍如何通过加强理赔管理来减少和遏制保险欺诈事件的发生。从理赔基础管理的角度来看，我国保险公司带有普遍性的问题是：没有一套理赔从事人员的专业技术系列化的培训、教育体系，理赔管理专业化水平不高；理赔业务流程不尽合理，难以防范保险欺诈事件的发生；理赔质量管理环节薄弱，难以协调好理赔质量和欺诈防范两者之间的关系。

根据发达国家的经验，理赔管理应是一个终身教育的专业化的技术体系。首先，从理赔人员的招募开始，就要求进入理赔行业的人必须达到一定的基准，如一个人在日本要想进入保险公司从事理赔工作，就必须通过行业协会有关资格考试，这是第一步，第二步还要通过有关保险公司自己组织的资格考试。其次，进入理赔行业后，保险公司则根据不同的年资给不同级别的理赔人员设计不同的课程，以考试加年限的方法逐步升级。例如，日本的保险公司将理赔人员分成见习、初级、3级、2级、1级等技能等级，实现考试注册制度，爱和谊保险公司的2级人员占比为73.8%，居日本车险业之首。理赔人员的学历并不高，但一般都在汽车修理厂工作过，外加多年的公司内部培训，专业化程度很高，成为日本保险公司识别和遏制保险欺诈的重要力量。虽然我国一些保险公司也设有首席理赔师、独立的首席承保人等制度，但由于缺乏有效的专业化人才培训体系，这些职位多用于人事安排，对公司防范保险欺诈作用还不大。

强化理赔管理的另一重要方面就是如何优化理赔程序。为提高业务管控力度，多数公司实行的是业务集中管理，理赔业务流程的设计主要是解决地市级公司和县支公司的业务分工问题，强调的是同城范围内理赔业务的集中处理，对非同城支公司的理赔业务继续实行授权管理，这使得现行的理赔业务流程的主要内容是有关业务处理的权限归属问题。个别公司设立的疑难案件调查程序也最多只是内部几个有理赔经验的同事协商一样，对防范保险欺诈并没有太多的考虑。梳理发达国家保险理赔业务流程，从遏制和防范保险欺诈的角度看，优化我国现行保险理赔业务流程应当确立这样的思路：(1) 充分利用信息技术。(2) 引入两阶段理赔业务流程设计。在理赔的第一阶段是对客户的索赔作出日常赔付和疑难赔付两种分类。(3) 引入数据挖掘阶段。(4) 引入特别调查机构。

提高理赔质量是做好防范保险欺诈的重要环节。发达国家的保险公司已经在理赔质量管理方面形成了一整套的理论和实践，他们认为，理赔质量控制有助于防范理赔人员实施的欺诈，同时也有助于防范和减少错误的赔付；理赔质量控制还有助于提高保险公司的服务水平，进而强化保险公司的竞争优势。理赔质量评价是理赔质量控制的核心内容，其做法是由理赔部门的负责人或保险公司的内审人员对近期内处理过的所有赔案进行仔细的评价，每件赔案都要从赔付的准确性、程序差错率、赔付金额的差错率和审查周期四个方面进行审核，以发现差距，逐步加以改进。2005 年是中国人保的理赔质量年，中国人保制定的《理赔质量年活动方案》将活动的目标设定为：全系统赔付率较上年下降两个百分点；车险理赔周期缩短 10%以上；结案率达到 80%以上。尽管与发达国家保险公司对理赔质量管理的要求比起来，中国人保的理赔质量管理目标还有一定的差距(如发达国家保险公司更加注重更为外化性的客户的满意度指标、理赔质量意识和文化的培养、程序上的差错率等)，但毕竟中国人保首开了中国保险业追求理赔质量管理的先河，只要持之以恒，一定会形成一套更为科学、完善的理赔质量管理体系。

保险欺诈防范方法之十一：内外部互动

随着社会经济的发展，保险欺诈形态日益多样化、隐蔽性更强，识别保险欺诈也变得更加困难，在这种背景下仅凭保险公司自身的力量，已经难以有效防范保险欺诈，这就需要加强保险公司与外部机构的交流与合作，把保险公司内部的调查力量和外部机构的调查优势结合起来，实现信息共享、开展联合调查，共同打击保险欺诈。保险公司与外部机构互动的形式多样，主要包括：设立重大欺诈案件的报告制度；建立信息联网制度、多部门联合调查；建立社区性的防范欺诈组织等。

重大欺诈案件报告制度要求各保险公司就发现的重大欺诈案件及时向监管部门的反保险欺诈机构报告。重大欺诈案件报告制度设计的合理性在于可以凭借监管部门的反欺诈机构对欺诈案件展开直接的调查。保险公司内设的反欺诈机构不属于国家司法机关，因而其调查权仅限于公司内部有关的数据和文件，而且其获得的证据的合法性往往受到对方的质疑。监管部门的反欺诈机构因其属于国家行政机关，通过特别的法律授权，往往具有准司法机构的性质，拥有多方面的调查权。如美国的州保险部的反保险欺诈局在履行职责时就拥有多项权力，这些权力包括：要求宣誓权、传唤证人、强制要求参加听证会的权力、罚款权、对涉及刑事犯罪的嫌疑人还可以直接逮捕。美国反保险欺诈局的调查人员拥有与警察和其他执法机构的官员相似的权力，并受到同样的保护，这使得反保险欺诈的调查人员就可以直接从其他执法机构获得更多的信息。2000 年 3 月，纽约州保险反欺诈局开通电子欺诈报告系统（Electronic Fraud Reporting System)，各保险公司可以通过该系统向纽约州保险反欺诈局报告可疑案例。

建立信息联网制度对于构造全社会的反击车险欺诈网络具有十分重要的意义。公安系统掌握着有关车辆违法犯罪的数据和被扣压车辆的信息、交通警察部门掌握着道路交通事故的信息、医疗机构最清楚交通事故伤亡人员的伤害程度和治疗状况、部队车辆管理部门则拥有有关军车方面的数据信息、海关则掌握着车辆进出口和走私犯罪方面的信息。推动保险行业与上述相关部门的联网，可以在全社会形成一个严密的打击车险欺诈的信息网络，可以及时地发现和防范车险方面可能存在的欺诈。从2000年开始，纽约州保险反欺诈局就实现了与州警察局事故数据库的联网，全美保险犯罪局（National Insurance Crime Bureau）设立了在线的数据库，客户可以在线查询获得有关车险犯罪的实时信息。

当一起案件尤其是集团欺诈案件涉及的主体很多时，通常需要多部门合作进行联合调查。例如2005年发生在美国纽约州的一起涉及俄罗斯盗窃，实施保险欺诈的集团犯罪案件，参与调查的机构就有联邦调查局、移民局、道路交通局、卫生部门以及州保险部、检察院等多个部门。在美国南部，有些车辆被偷运到墨西哥转卖，对这类假借汽车被盗、丢失骗取保险赔偿的案件，往往需要美国、墨西哥两地的执法机构开展双边的合作调查才能识破。如2001年5月，纽约州保险反欺诈局还与其他部门配合实施拉网式搜查（A major sweep covering)，纽约州就与多家区域性检察机构和州执法机构共同进行了为期 5 个月的拉网式搜查，致使 81 人被提起刑事诉讼。

表 3　　2004 年与纽约州保险反欺诈局合作的政府部门

The Brooklyn Automobile Insurance Task Force
The Rockland County Auto Crime Task Force
The Nassau County Auto Insurance Fraud Task Force
The Western District of New York Health Care Task Force
The Capital District Auto Crime Task Force
The Capital District Health Care Fraud Working Group
The Capital District Federal Financial Crime Task Force
The Central New York Anti－Health Care Fraud Working Group
The Central New York Financial Crimes Task Force
The Rochester Arson Task Force
The Monroe County Auto Crime Task Force
The Western New York Inter－County Arson Reduction Usernet System (Project ICARUS)
The Onondaga County Fraud Insurance Strike Team (FIST)
Operations Furthering Financial Security Enforcement (OFFSET)

资料来源：the Annual Report to the Governor and the Legislature of the State of New York on the Operations of the Insurance Fraud Prevention Act, Jan.15, 2005.

建立社区性的防范欺诈组织也是教育、预防和减少保险欺诈的有效方式。在 20 世纪 80 年代，美国那些汽车盗抢最为严重的州和地区设立了反盗抢车小组

(ACT：Anti－Car Theft)，资金主要来源于执法团体、州基金、保险公司和消费者的自愿捐助。其主要职责是提升消费者对防范盗抢车方面的意识和推动相关的立法，在我国的汽车盗抢事故高发地区可以依托居委会成立类似的反盗抢车小组，通过开展各种宣传教育活动，普及保险知识，促进平安社区建设，达到减少和遏制保险欺诈的目的。

保险欺诈防范方法之十二：新技术方法

现代科技的应用不仅能够大大提高业务处理的效率和质量，而且还有助于人们发现和识别保险欺诈，因而，在引入新技术改进承保、理赔业务管理系统的同时，应当考虑到防范保险欺诈的需要，依据这样的思路设计出来的保险公司业务处理系统除具备提高业务处理效率外，还具备另一项重要的职能：遏制和发现保险欺诈。

GartnerG2 是一家专门研究新技术在保险公司应用情况的专业机构，在 2004 年该机构发表了对新兴技术在保险业的应用的成果（见前图 4－18 所示）。该图的水平线代表了新兴技术的成熟度，垂直线代表了新兴技术的可视性程度。不同的技术在这张图上分别有不同的圆点表示，颜色最浅的表明这些技术已经比较成熟，只需要不到 2 年左右的时间就可以达到其效率最高的阶段；颜色中等的表明这些技术还不太成熟，还需要 2～5 年的时间才可以充分发挥其潜力；颜色最深的则说明这些技术还相当不成熟，还需要经过5～10年的时间才能达到其效率最高的阶段。

按照GartnerG2关于新兴技术在保险业的应用周期的研究，与提高保险业务处理效率和防范保险欺诈有关的新兴技术主要包括：

1. 高级保险欺诈识别和分析技术（Advanced fraud detection and analysis technologies）。这类技术具有数据比较、预测、相似性搜索（similarity search）、实时分析（time link analysis）、可视性分析（visual link analysis）等功能，依托行业性保险数据服务机构，可以有效发现和查处车险欺诈。

2. 一次录入、多界面享用的技术模式（SEMCI：Single－entry，multiple－carrier interface models）。这种技术可以支持保险业务处理的多个界面的联网：保险代理人和承保业务处理中心、承保部门和理赔部门、核保、理算、零配件报价、赔付等的联网。既可以大幅提高保险业务处理效率，也可以促进相关保险欺诈信息在不同部门间的传递，提高防范保险欺诈的能力。

3. 无线理赔技术（Wireless claims applications）。无线理赔技术可以有效解决业务集中处理和事故发生地分散、理赔人力不够的矛盾，在现场查勘率不变的情况下，有利于提高理赔质量，防范车险理赔欺诈。

4. 数据挖掘和商业智能（Data mining and business intelligence）。数据挖掘是在大量的数据资料中利用统计方法发现数据间的关联关系、某类行为如保险欺诈的范式、趋势变化等，商业智能则是建立在数据挖掘基础上的对保险业务运行的一些带有规律性的看法和判断，可以作为保险公司承保、理赔的参考。

5. 文件转换和内容管理技术（Document imaging/content management）。这类技术可以将纸面文件实现电子化，并能采用特征识别技术从电子文档中进行搜索和文件管理。

6. 索赔激活技术（Claims Animation Technologies）。索赔激活技术能够再现汽车碰撞的效果，提供汽车碰撞过程的可视性回放，识别和确定不同碰撞所可能导致的伤害。

7. 远程通讯技术（Telematics）。远程通讯技术具有无线连接车载通讯设备和保险公司计算机系统的能力，这项技术能够提供诸如汽车服务、车辆维护、驾驶习惯等方面的信息，可以为保险人厘定费率提供帮助。

其中数据挖掘和商业智能、文件转换和内容管理技术被认为已经处于技术的成熟阶段；高级保险欺诈识别和分析技术、一次录入、多界面享用的技术模式、无线理赔技术还需要2～5年的时间才能进入效率的最高阶段；索赔激活技术和远程通讯技术还得需要5年以上的时间才能进入成熟期。中国人保上海分公司2004年1月启用的eBao Tech Auto Claim系统就是依托无线理赔技术实现了理赔业务的全面电子化，不仅大大提高了理赔业务的处理效率，而且通过该系统积累的数据可以直接为关键指标法在车险反欺诈中的应用提供支持。就我国保险公司的整体情况来看，文件转换和内容管理技术可以在短期内实现大量数据的电子化，很快丰富保险公司的电子仓库，为分析车险欺诈的基本特征和趋势提供前提条件；多界面享用的技术模式则可以实现承保、理赔两个业务部门的数据共享，对遏制和防范车险欺诈很有帮助。这两项技术应当得到优先使用，其他技术则必须循序渐进地予以安排落实。

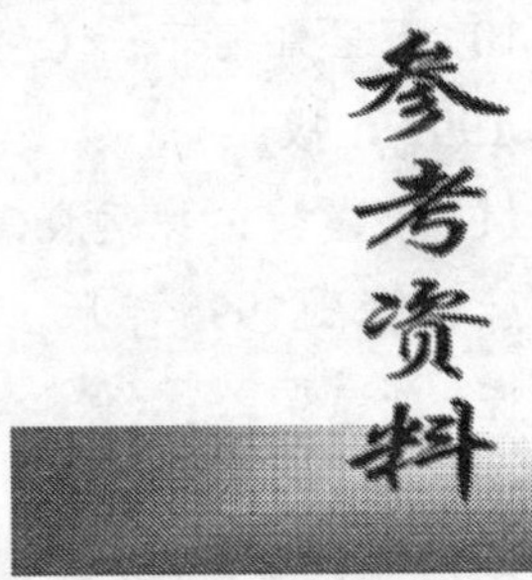

参考资料

1. 李玉泉主编：《保险欺诈及其法律对策》，人民法院出版社1999年版。

2. 李玉泉著：《保险法》（第二版），法律出版社2003年版。

3. 魏华林主编：《保险法学》，中国金融出版社1998年版。

4. 魏华林、李开斌著：《中国保险产业政策研究》，中国金融出版社2002年版。

5. 江朝国著：《保险法基础理论》（第三版），瑞兴图书股份有限公司，1999年9月版。

6. 江朝国编著：《强制汽车责任保险法》，智胜文化事业有限公司，1999年8月版。

7. 樊启荣：《保险契约告知义务制度论》，中国政法大学出版社2004年版。

8. 严建农等编著：《保险事故人伤医疗核损手册》，湖南科学技术出版社2003年版。

9. 李文燕主编：《金融诈骗犯罪研究》，中国人民公安大学出版社2002年版。

10. 万里虹编著：《人身保险欺诈及其防范》，中国金融出版社1997年版。

11. 张嘉陵、钟运良著：《保险诈骗查处方法与技巧》，中国金融出版社1995年版。

12. 刘宗荣著：《保险法》，三民书局1995年版。

13. 梁宇贤著：《保险法新论》，中国人民大学出版社2004年版。

14. 贾海茂主编，《机动车保险》，中国金融出版社2002年版。

15. 李薇著：《日本机动车事故损害赔偿法律制度研究》，法律出版社1997年版。

16. 杨桢著：《英美契约法论》，北京大学出版社1997年版。

17. [美] 兰迪·E·巴尼特：《合同法：案例与原理》，中信出版社2003年版。

18. [美] 凯瑟琳·F·布里基：《公司犯罪与白领犯罪：案例与资料》，中信出版社2003年版。

19. 张庆洪编著：《保险经济学导论》，经济科学出版社2004年版。

20. 沙银华著：《日本经典保险判例评释》，法律出版社2002年版。

21. 唐运祥主编：《中国非寿险市场发展研究报告（2003）、（2004）》，中国经济出版社2004年，2005年版。

22. 唐运祥主编：《中国非寿险市场发展研究报告（2002）》，中国金融出版社2003年版。

23. 北京保监局课题组：《寿险公司内部控制研究》，经济科学出版社2005年版。

24.［德］D. 法尼著：《保险企业管理学》，经济科学出版社 2002 年版。

25. 段昆著：《当代美国保险》，复旦大学出版社 2001 年版。

26. 王云鹏、鹿应荣主编：《车辆保险与理赔》，机械工业出版社 2003 年版。

27. 李玉泉、卞江生："论保证保险"，《保险研究》，2004 年第 5 期。

28. 李玉泉："论保险欺诈及其对策"，《保险研究》，1998 年第 12 期。

29. 陆爱勤："保险欺诈及其防范"，《政治与法律》，1999 年第 6 期。

30. 竺琳："民事诈欺制度研究"，《民商法论丛》，第 9 卷，法律出版社 1998 年版。

31. 谢晓尧："欺诈：一种竞争法的理论诠释"，《现代法学》，2003 年第 2 期。

32. 刘喜华、金加林：《保险欺诈博弈与基于最优博弈策略的保险契约》，《系统工程理论与实践》，2004 年第 2 期。

33. 冯知杰："论保险公司内控机制的创新"，《深圳人民保险》，2004 年 9 月号。

34. 邹辉："提供理赔服务质量的几点建议"，《深圳人民保险》，2004 年 10 月号。

35. 姚瑜："新定损模式理赔流程指引"，《深圳人民保险》，2004 年 7—8 月号。

36. 牛建平："保险诈骗罪若干问题研究"，《重庆大学学报（社会科学版）》，2002 年第 5 期。

37. 欧阳菊香："住院病案在医疗保险中的作用"，《中国病案》，2003年第4卷第5期。

38. Peter Caldwell：“澳大利亚的汽车窃案与致死车祸”，《亚洲保险季刊》，2004年10月。

39. C F Lim：“马来西亚汽车窃案上升到令人吃惊的程度”，《亚洲保险季刊》，2004年10月。

40. 中国保险行业协会、爱和谊保险公司：中日车险核赔技术交流会资料，2004年11月30日。

41. 三井住友海上：日本的机动车保险自主经营和损失控制，第五届西南财经大学研讨会资料，2003年12月6日。

42. 中国保险行业协会：中美汽车防骗赔信息共享研讨会资料，2005年1月9日。

43. 北京保监局、爱和谊保险公司：北京车险理赔服务国际研讨会资料，2005年10月20日。

44. 中国保险学会：全国车险理赔高级研修班培训资料，2005年11月4日。

45. Georges Dionne，Claire Laberge - Nadeau，Automobile Insurance: Road Safety，New Drivers，Risks，Insurance Fraud and Regulation，Kluwer Academic Publishers，1999.

46. Malcolm A. Clarke，The Law of Insurance Contracts，LLP 1997.

47. J. Beatson，QC，Ansons' Law of Contract，27th Edition，Oxford University Press，1998.

48. Kenneth Cannar，Motor Insurance Theory and Practice，Witherby & Co. Ltd，1994.

49. Law of Fraudulent Transactions，May 2004.

50. Robert A. DuBois，Insurance Fraud and Motor Vehicle Collisions，1993.

51. The Chartered Insurance Institute, Motor Insurance, 1998.

52. International Claim Association, Managing Claim Department Operation, 1991.

53. Pat Magarick and Ken Brownlee, Casualty, Fire, and Marine Investigation Checklists, 5th edition, 1997.

54. Anne Flanagan, Gramm – Leach – Bliley: Through the E.U.Data Protection Looking Glass, Journal of International Banking Law Review, Issue 8, 2002, 237 – 248.

55. Association of British Insurers, What is dishonest? Facts on Fraud No.1, Feb.2003.

56. Barry Zalma, Property Claims Weapons to Fight Fraud, A ClaimSchool, Inc.Publication, 1998.

57. Carbajal Jr., Michael, Striking Back Against Auto Insurance Fraud, Insurance Advocate; 7 /14 /2001, Vol.112 Issue 27, p16 – 18.

58. Coalition Against Insurance Fraud, Study on SIU Performance Measurement, June 2003.

59. Coalition Against Insurance Fraud, Model Act for Pre – insurance Inspection of Motor Vehicles, March 1994.

60. Coalition Against Insurance Fraud, Model Insurance Fraud Bureau Act, September 1995.

61. Coalition Against Insurance Fraud, Model Insurance Fraud Act, February 1999.

62. Conning & Company, Insurance Fraud, the Quiet Catastrophe, 1996.

63. Derrig, Richard A.Weisberg, Herbert I.Xiu Chen, Be-

havioral Factors and Lotteries Under No－fault With a Monetary Threshold: A Study of Massachusetts Automobile Claims, Journal of Risk & Insurance; June 94, Vol.61 Issue 2, p245－276.

64. Eric Nordman and Gregory Krohm, A Review of the Growing Saliency of Privacy as an Insurance Regulatory Issue, Journal of Insurance Regulation, 79－84.

65. Frank, Craig How to face down fraud, Security Management; Sept.1998, Vol.42 Issue 9, p73－77.

66. Fritz Geschwentner and Urs H.Winter, Non－Life Insurance Fraud, the International Insurance Society.

67. Han B.Kang, Fighting Insurance Fraud in Illinois: Insurers, Regulators, and Consumers, CPCU Journal, Winter 2001, 198－212.

68. Insurance Research Council and Insurance Service Office, Inc., Fighting Insurance Fraud, Survey of Insurer Anti－fraud Efforts, 2001.

69. Insurance Research Council, Fraud and Buildup in Auto Injury Claims, Pushing the Limits of the Auto Insurance System, September 1996.

70. Keith J.Crocker and Sharon Tennyson, Insurance Fraud and Optimal Claims Settlement Strategies, Journal of Law and Economics, 469－507.

71. Maria Vakola, Exploring the Relationship between the Use of Evaluation in Business Process Re－engineering and Organisational learning and Innovation, Journal of Management Development, Vol.19, No.10, pp.812－835 at 818.

72. OECD Guidelines for Good Practice for Insurance Claim

Management, 24 Nov.2004.

78. Panko Ron, Making a Dent In Auto Insurance Fraud, Best's Review; Oct2001, Vol.102 Issue 6, p65－71.

79. Richard A.Derrig, Insurance Fraud, the Journal of Risk and Insurance, 2002, Vol.69, No.3, 271－287.

80. Robert E.Hoyt, the Effect of Insurance Fraud on the Economic System, Journal of Insurance Regulation 304－315.

81. Robert Gibbons, Privacy Laws and Global Insurance Markets, Journal of Insurance Regulation 71－79.

82. Roger Kay, Good Faith and Fraudulent Claims: Another Fire Mess, Business Law Review, July 2002, 177－179.

83. Sharon Tennyson and Pau Salsa－Forn, Claims Auditing in Automobile Insurance: Fraud Detection and Deterrence Objectives, the Journal of Risk and Insurance, 2002, Vol.69, No.3, 289－308.

84. The Annual Report to the Governor and the Legislature of the State of New York on the Operations of the Insurance Frauds Prevention Act, Jan 15, 2005.

85. Weisberg, Herbert I., and Richard A.Derrig, Fraud and Automobile Insurance: A Report on the Baseline Study of Bodily Injury Claims in Massachusetts, Journal of Insurance Regulation, 1991.